Taraneh Tehrani

Das Lernspiel als Träger mathematischer
Lernprozesse im Anfangsunterricht

Taraneh Tehrani

Das Lernspiel als Träger mathematischer Lernprozesse im Anfangsunterricht

GESELLSCHAFTSWISSENSCHAFTEN

Taraneh Tehrani

Das Lernspiel als Träger mathematischer Lernprozesse im Anfangsunterricht

1. Auflage 2009 | ISBN: 978-3-86815-135-0

© IGEL Verlag GmbH , 2009. Alle Rechte vorbehalten.

Die Deutsche Bibliothek verzeichnet diesen Titel in der Deutschen Nationalbibliografie. Bibliografische Daten sind unter http://dnb.ddb.de verfügbar.

> Dieses Fachbuch wurde nach bestem Wissen und mit größtmöglicher Sorgfalt erstellt. Im Hinblick auf das Produkthaftungsgesetz weisen Autoren und Verlag darauf hin, dass inhaltliche Fehler und Änderungen nach Drucklegung dennoch nicht auszuschließen sind. Aus diesem Grund übernehmen Verlag und Autoren keine Haftung und Gewährleistung. Alle Angaben erfolgen ohne Gewähr.

Der Gedanke, den Eifer, mit dem sich Kinder ihren Spielen hingeben, pädagogisch zu nutzen, ist so alt wie die Pädagogik selbst.
(Hans Scheuerl)

Inhaltsverzeichnis

1.	Einleitung	8
2.	Lernen und Spielen	10
2.1	Das Lernen	10
2.2	Piagets Theorien – Die Psychologie des Denkens	12
2.2.1	Grundsätze der Theorie Piagets	13
2.2.2	Merkmale der Theorie Piagets	14
2.2.2.1	Die Genetische Erkenntnistheorie	14
2.2.2.2	Stadien der Entwicklung	15
2.2.3	Piagets Stufenkonzept	15
2.2.3.1	Die sensomotorische Intelligenz	16
2.2.3.2	Das voroperatorische anschauliche Denken	17
2.2.3.3	Das Stadium der konkreten Operationen	18
2.2.3.4	Das Stadium der formalen Operationen	18
2.3	Neuere lernbiologische Erkenntnisse	19
2.3.1	Konstruktivistische Lernforschung und Unterricht	19
2.3.2	Gehirnforschung und Unterricht	21
2.3.3	Neue Vorstellungen vom Lernprozess bezogen auf den Mathematikunterricht	22
2.4	Das Spiel	23
2.4.1	Was ist Spielen?	23
2.4.1.1	Wesensmerkmale des Spiels	25
2.4.1.2	Subjektive Kriterien des Spiels	27
2.4.2	Das Spiel - ein unverzichtbares Medium im Grundschulunterricht	29
2.5	Zusammenhang von Lernen und Spielen	30
3.	Das Lernspiel	32
3.1	Allgemeine Einordnung des Lernspiels	32
3.2	Das Lernspiel im Unterricht	34
3.3	Stellung des Lernspiels im Mathematikunterricht	36
3.4	Formen mathematischer Lernspiele	38
3.5	Fachdidaktische Legitimation für den Einsatz von Lernspielen im Mathematikunterricht durch den Rahmenlehrplan	40
3.6	Möglichkeiten und Ziele von Lernspielen im Mathematikunterricht	42

4.	Das Lernspiel im mathematischen Anfangsunterricht	46
4.1	Bedeutung des Einsatzes mathematischer Lernspiele im Anfangsunterricht	46
4.2	Beschreibung mathematischer Lernprozesse	47
4.3	Zum Einsatz von Lernspielen im Mathematikunterricht	49
5.	Praxisteil	53
5.1	Einleitung	53
5.2	Übung im Mathematikunterricht	53
5.2.1	Gesetze der Übung im Rahmen von Lernspielen	54
5.2.2	Die Kategorie der drei durchgeführten Lernspiele: Übungsorientierte Spiele	56
5.3	Theorie der Multiplikation	57
5.4	Klassenbeschreibung und Voraussetzungen der Schüler für die durchgeführten Lernspiele	60
5.5	Vorüberlegungen zur Auswahl der gewählten Lernspiele	60
5.5	Durchführung und Auswertung der gewählten Lernspiele	62
5.5.1	Vorbemerkung	62
5.5.2	Die 1 x 1-Pyramide	62
5.5.3	Heinevetters 1 x 1- Trainer	65
5.5.4	Memory	69
5.6	Vor- und Nachteile der kommerziellen Lernspiele	71
6.	Fazit	73
7.	Literaturverzeichnis	75

1. Einleitung

Jeder Mathematikunterricht wirft die Frage auf, wie der Lehrer[1] seinen Schülern effektiv einen Zugang zum Unterricht vermitteln kann und inwiefern das Ziel, mathematische Lernprozesse zu schaffen, gefördert werden kann. Eine Möglichkeit, dieses Ziel zu erreichen, bietet der Einsatz von Lernspielen. Gerade der elementare Anfangsunterricht sollte den Weg gehen, Grundlagen in einer Weise zu vermitteln, die an das kindliche Verhalten anknüpfen und die Schüler dort abholen, wo sie gerade stehen.

Spielen ist ein gesellschaftliches Phänomen und hat eine große Bedeutung für die Menschheit. Kinder und Erwachsene haben zu allen Zeiten und in allen Kulturkreisen gespielt. Wir spielen in der Freizeit, nach Feierabend, in den Ferien und im Urlaub. Spiele zeigen sich in unterschiedlichen Ausrichtungen und Facetten und zudem in vielen Bereichen des Lebens, wie Gesellschaft und Sport. Spielen macht Freude, entspannt, bringt Erfolgserlebnisse und stärkt den Zusammenhalt einer Gemeinschaft. Besonders im Kindes- und Jugendalter ist es ein Motor der Entwicklung, eine Grundbedingung des Lebens. Betrachtet von der Seite der Veränderungen, die eine heutige Kindheit aufzeigt, bleibt doch eins konstant: Kinder spielen und vor allem: sie spielen gerne. Da liegt es nahe, auf vorhandenes zurückzugreifen und dies auch im Schulunterricht zu nutzen, indem Lernspiele verwendet werden. Speziell im Mathematikunterricht ist Spielen eine beliebte Methode, Inhalte zu üben und zu vertiefen.

Aufgrund der schlechten Erfahrungen und der Schwierigkeiten, die der Mathematikunterricht vielen bereitet, ist das Ziel dieser Arbeit, Mittel und Wege aufzuzeigen, mehr Freude und Spannung am Mathematikunterricht zu wecken und ihn außerdem abwechslungsreich, freudvoll und mehr kindzentriert zu gestalten. Entsprechen Lernspiele diesen Kriterien und stellen sie eine geeignete Methode dar, mathematische Lernprozesse im Anfangsunterricht zu unterstützen und den Unterricht anzureichern? Das ist die zentrale Fragestellung dieser Untersuchung.

Im ersten Teil dieser Arbeit, der den theoretischen Teil darstellt, wird der Themenkomplex des Lernens und Spielens behandelt. Was ist Spielen und was ist Lernen? Weiterhin stellt sich die Frage, inwiefern Lernen und

---

[1] Der besseren Lesbarkeit wegen wird generell die männliche Form benutzt, meint aber immer auch die weibliche.

Spielen, obwohl sie auf den ersten Blick völlig unterschiedliche Bereiche darstellen, doch zusammenpassen und sich sogar unterstützen und ergänzen. Der folgende Abschnitt beschäftigt sich mit dem Thema „Lernspiel" und wird speziell dem Anfangsunterricht zugeordnet. Es soll hier auch die Frage beantwortet werden, was mathematische Lernprozesse überhaupt sind und wie sie angeregt und gefördert werden können.

Im zweiten, dem praktischen Teil dieser Arbeit, wurden drei ausgesuchte Lernspiele durchgeführt und beobachtet. Die Lernspiele haben den Schwerpunkt Multiplikation und wurden in einer Grundschulklasse durchgeführt, die am Ende des zweiten Schuljahres steht. Können sie belegen, ob die Theorie in der Praxis verifiziert wird und ihr Nutzen eine regelmäßige Anwendung im Unterricht legitimiert?

Weiterhin wird auf wichtige Gesetze der Übung und auf die Theorie der Multiplikation eingegangen, da es um Lernspiele mit dem Schwerpunkt „Üben und Festigen" geht. Die Multiplikation und speziell das „Kleine Einmaleins" bilden die Grundlage vieler weiterer Rechenverfahren und es ist notwendig, diese bei den Schülern zu festigen. Dies durch abwechslungsreiche und motivierende Übungsformen erreichen zu können, ist ein Ziel des Einsatzes von Lernspielen.

Am Schluss folgt eine Auswertung der Lernspiele, in der die Ergebnisse aufgezeigt und beschrieben werden und auch für die Unterrichtspraxis relevante Folgerungen gezogen werden.

2. Lernen und Spielen

Dieses Kapitel bildet die Grundlage zum Verständnis dafür, was Lernen und Spielen im Einzelnen darstellt. Es werden hierzu bedeutende kognitive Lern- und Entwicklungstheorien von Jean Piaget aufgegriffen und durch neue Erkenntnisse der Lernforschung ergänzt. Aufgezeigt wird, welche Prozesse sich beim Lernen abspielen. Welche Ausrichtungen und Kriterien sind für ein Spiel wichtig? Im letzten Abschnitt werden die Verbindungen dieser beiden so unterschiedlich erscheinenden Lebensbereiche geknüpft.

2.1 Das Lernen

Um zu erklären, was Lernen bedeutet, wird im Folgenden auf die kognitive Lerntheorie von Jean Piaget[2] und auf drei Arten von Lernprozessen eingegangen. Lernprozesse finden intrapersonal statt und äußern sich in längerfristig anhaltenden kognitiven, sozialen, emotionalen und psychomotorischen Verhaltensänderungen, die auf Erfahrung zurückgehen. Die kognitive Lerntheorie geht davon aus, dass Lernen aus informationsverarbeitenden Aktivitäten besteht. Somit wird die kognitive Entwicklung als Prozess verstanden, der sich in der aktiven Auseinandersetzung des Lernenden mit der Umwelt vollzieht. Die lernende Person muss ein Gleichgewicht finden „zwischen der Verarbeitung neuer Erlebnisse nach den Mustern der bisherigen Erfahrungen und dem Aufbau jeweils neuer Erfahrungsmuster in neuen Situationen."[3] Diese Balance des Gleichgewichts beschreibt Piaget als Prozess der Assimilation und Akkomodation.

> Unter Assimilation versteht Piaget dabei das Anpassen neuer Erfahrung an die verfügbaren Schemata, unter Akkomodation die Veränderung der kognitiven Schemata so, dass sie einer neuen Situation angepasst werden. Lernen baut kognitive Strukturen auf, in denen die Umwelt subjektiv rep-

---

[2] Jean Piaget kam aus der Schweiz und lebte von 1896-1980. Von Beruf war er Psychologe und von 1921-66 Professor in Genf. Piaget hatte mit seinen Arbeiten über die Entwicklung der menschlichen Intelligenz bedeutenden Einfluss auf die moderne Erziehungswissenschaft. (Quelle: „Großes Lexikon A-Z", Schweiz 1997.) Im folgenden Abschnitt 2.2 wird genauer auf J. Piaget und seine Theorien der kognitiven Entwicklung von Kindern eingegangen.

[3] Nuding: „Von der Hand in den Verstand. Handlungsorientiertes Lernen im Sachunterricht" 2000, S. 37.

räsentiert und damit dauerhaft verfügbar ist. Andererseits geben Bedingungen der Lernsituation Anlass zur kognitiven Umstrukturierung. [4]

Was sind Lernprozesse?

Unterschieden werden Formales Lernen, Non-formales Lernen und Informelles Lernen.

Formales Lernen ist an Bildungsinstitutionen wie die Schule gekoppelt.

Non-formales Lernen findet in Vereinen, am Arbeitsplatz, in Verbänden usw. statt, d. h. an Orten, an denen nicht explizit gelernt wird.

Informelles Lernen bezieht sich auf die „häufig nicht intendierten Bildungsprozesse, die sich außerhalb vordefinierter Lernsettings ereignen."[5] Kinder und Jugendliche lernen permanent informell, z. B. im Spiel. Vor allem soziales Verhalten wird in informellen Lernprozessen eingeübt, es kann jedoch auch in formalen Bildungskontexten, z. B. durch Gruppenarbeit, gefördert werden.

Für das Lernspiel ist das informelle Lernen notwendig.

Lernen steht in einer engen Verbindung mit dem Denkprozess, „wobei Denken zwar eine notwendige, aber nicht hinreichende Voraussetzung für Lernen ist."[6] Aus pädagogischer Perspektive muss „Lernen" aber auch in seinem Bezug zum Handeln gesehen werden, denn jedes Lernen zieht eine Veränderung von Handlungsmustern nach sich. Neben dem Wissenserwerb werden Verknüpfungen zwischen altem und neuem Wissen hergestellt.

---

[4] Nuding: „Von der Hand in den Verstand. Handlungsorientiertes Lernen im Sachunterricht" 2000, S. 37.
[5] Tippelt/Schmidt: „Was wissen wir über Lernen im Unterricht?" in: Pädagogik 3/2005, S. 7.
[6] ebd., S. 6.

2.2 Piagets Theorien – Die Psychologie des Denkens

Niemand hat zu unserem Wissen darüber, wie Kinder denken, wie sie schlußfolgern und Probleme lösen, mehr beigetragen als Jean Piaget (1869-1980). Fast 50 Jahre widmete er der Beobachtung der Entwicklung des Denkens bei Kindern.[7]

Aus diesem Grund beschäftigt sich dieser Teil der Arbeit mit Piaget, da er der „Vorreiter" für die kognitive Entwicklung des Kindes ist und seine Theorien auch heute noch Bestand und Bedeutung haben. „Die Bedeutung von Piagets Beitrag zur genauen Erforschung der Entwicklung kognitiver Prozesse bei Kindern ist unbestritten."[8] Es werden zuerst die Grundsätze und Merkmale der Theorie Piagets beschrieben und danach folgend das Stufenkonzept erläutert. Hierbei handelt es sich um bestimmte Stadien, die ein Kind während seiner geistigen Entwicklung durchläuft und welche für die Abstimmung des Unterrichts beachtet werden müssen. Sie sind für den Mathematikunterricht von großer Bedeutung, um den geistigen Stand der Schüler bestimmter Altersklassen besser einschätzen zu können und somit die Lernbedingungen verbessern zu können.

Die geistige Entwicklung eines jeden Menschen setzt sich, soweit er nicht in irgendeiner Weise beeinträchtigt ist, von Geburt an kontinuierlich fort. Über diese Entwicklung des Denkens und der Intelligenz des Kindes hat Piaget eine umfassende Theorie entwickelt, die später von seinen Mitarbeitern weitergeführt wurde. Nach Piaget löst sich von Geburt an das Denken zunehmend von der sinnlichen Wahrnehmung und schreitet fort zu immer differenzierteren Lösungsformen auf abstrakt-begrifflicher Grundlage. Er kommt zu dem allgemeinen Ergebnis, dass die von ihm bei den Kindern analysierten logischen Strukturen vom Kind selbst entwickelt werden und sie für diese etwa zwölf Jahre benötigen. Piaget entwickelte eigene Beobachtungsmethoden zur empirischen und qualitativen Untersuchung des kindlichen Denkens.[9] Allerdings fokussierte sich seine Arbeit vorwiegend auf die logisch-kognitiven Aspekte der kindlichen Lernentwicklung, die ebenfalls wichtigen sozialen und emotionalen Faktoren wurden vernachlässigt:

---

[7] Zimbardo: „Psychologie",1995, S. 72.
[8] ebd., S. 77.
[9] vgl. Zimbardo: „Psychologie", S. 73.

Piaget ist Entwicklungspsychologe, sein Thema ist die kognitive Entwicklung. Die Entwicklungspsychologie hat auch andere sehr wichtige Themen. Wir sollten von Piaget auf viele Fragen zur Persönlichkeits- und Sozialentwicklung keine Antworten erwarten und nicht mehr als einige Hinweise zur Motivationsentwicklung.[10] Die Annahme Piagets ist, dass sich die Intelligenz und somit das Denken des Kindes genetisch in der Auseinandersetzung mit der Umwelt bildet. Intelligenz ist folglich keine statische Eigenschaft eines Individuums, sondern entwicklungsabhängig.

2.2.1 Grundsätze der Theorie Piagets

Wie bereits ausgeführt wurde, sind an der kognitiven Entwicklung nach Piaget zwei elementare Prozesse beteiligt: Assimilation und Akkomodation. Diese beiden Anpassungsformen unterliegen einem allgemeinen Entwicklungsprinzip, dem Äquilibrationsprinzip (Gleichgewichtsmodell).[11] Dieses beschreibt die Richtung der geistigen Entwicklung und begrenzt außerdem das Ausmaß der Veränderung der Strukturen. Piaget geht in seiner Gleichgewichtstheorie davon aus, dass das Individuum in einer Umwelt lebt, die Zwänge und Kräfte ausübt und sich ständig verändert. Folglich ist das Individuum zur Auseinandersetzung mit der Umwelt gezwungen. Hierzu baut das Kind so genannte Schemata auf.[12] Ein Schema ist bei Piaget eine kognitive Struktur, die aus Elementen besteht, die bestimmten Aufbaugesetzmäßigkeiten unterworfen sind. Es kann auch als internes Teilbild von der Umwelt interpretiert werden. Das Kind ist nun bestrebt, dass zwischen der Umwelt und dem internen Bild von der Umwelt (Schema) ein Gleichgewicht herrscht.[13] Ist dies der Fall, lebt das Individuum mit seiner Umwelt in Einklang. Die (äußere) Umwelt entspricht seinem inneren Bild von derselben. Sind Umwelt und Schema nicht in Einklang, so besteht das Bestreben, diesen Einklang herzustellen. Dies wird Adaption genannt. Die Herstellung dieser Adaption kann auf zwei Arten geschehen:

1. Das Individuum versucht, sein Schema beizubehalten und möglichst viele Erscheinungen diesem Schema unterzuordnen. Dieser Vorgang wird Assimilation genannt. „Bei der Assimilation wird die Information,

---

[10] vgl. Oerter/Montada: "Entwicklungspsychologie",1998, S. 559.
[11] vgl. Zimbardo: „Psychologie", S. 73.
[12] vgl. Oerter/Montada: "Entwicklungspsychologie", S. 559.
[13] vgl. Zimbardo: „Psychologie", S. 73.

die das Individuum aufnimmt, so verändert, dass sie sich in vorhandene Schemata einfügt."[14] Die Assimilation bewahrt und erweitert das Bestehende und verbindet auf diesem Wege die Gegenwart mit der Vergangenheit.

2. Das Individuum versucht, den Einklang zwischen Umwelt und Schema dadurch zu erzielen, dass es bei einer neuen Erscheinung die ihm zur Verfügung stehenden Schemata abändert oder neue Schemata aufbaut [15] (vgl. S. 4, „Akkomodation").

Als Beispiel für Assimilations- und Akkomodationsvorgänge kann die Anpassung eines Babys betrachtet werden, die es beim Übergang vom Trinken an der Brust zum Trinken aus der Flasche bis schließlich zum Trinken aus der Tasse vollzieht. Nach Piaget verläuft die kognitive Entwicklung als ständiges Wechselspiel von Assimilation und Akkomodation.[16] Diese beiden Anpassungsformen sind notwendig und aufeinander abgestimmt. Das Kind wird so mit der Zeit immer weniger von der unmittelbaren Wahrnehmung, aber immer mehr vom Denken abhängig.

2.2.2 Merkmale der Theorie Piagets

Eine wichtige Voraussetzung für die Planung und Durchführung von Unterricht sowie für die Verwendung verschiedener Unterrichtsmaterialien ist die Betrachtung der geistigen Entwicklung des Kindes. Die Unterrichtseinheit muss auf den jeweiligen Entwicklungsstand abgestimmt werden, um zu versuchen, eine Über- oder Unterforderung des Schülers zu vermeiden. So wird auch beim Einsatz von Lernspielen auf den Entwicklungsstand dieses Alters Rücksicht genommen.

2.2.2.1 Die Genetische Erkenntnistheorie

Piaget befasst sich hauptsächlich mit den elementaren Fragen: „Wie erwerben wir Wissen? Ist objektives, nicht von der Natur des Wissenden beeinflusstes Wissen überhaupt möglich? Gibt es bestimmte Ideen, oder muss alles Wissen erst erworben werden?"[17] Alle Arbeiten Piagets stellen

---

[14] ebd.
[15] vgl. ebd.
[16] vgl. Zimbardo: „Psychologie", S. 73.
[17] Miller, P.: „Theorien der Entwicklungspsychologie",1993, S. 50.

einen Versuch dar, diese Fragestellungen auf den unterschiedlichsten Gebieten zu beantworten. Piagets Entwicklungspsychologie beinhaltet auch den Begriff des Genetischen. In der genetischen Erkenntnistheorie wird der Begriff genetisch nicht als angeboren interpretiert, sondern bezeichnet eine Entwicklung.[18] Piagets Intentionen sind, durch die Untersuchung von entwicklungsbedingten Veränderungen im Wissenserwerbsprozess und auch der Organisation von Wissen, Antworten auf diese Leitfragen zu bekommen. Sein Interesse gilt dem, was die Philosophie als grundlegende Kategorien des Denkens betrachtet: Zeit, Raum, Kausalität und Quantität.[19] Was für Erwachsene natürliche Denkkategorien sind, sind für Kinder, so Piaget, nicht gleichzeitig selbstverständlich. Er behauptet, dass Wissen kein Zustand, sondern ein Prozess ist. Im Verlaufe der Entwicklung des kognitiven Systems verändert sich das kindliche Weltbild.[20]

2.2.2.2 Stadien der Entwicklung

Für Piaget vollzieht sich die kognitive Entwicklung in Stadien, wobei ein Stadium der Zeitabschnitt ist, in dem das Denken und Verhalten des Kindes in vielfältigen Situationen eine spezifische geistige Grundstruktur widerspiegelt.[21] Dabei stellen sich im Wesentlichen drei Hauptmerkmale heraus. Zunächst verläuft die psychologische Entwicklung etappenweise, wobei jede Etappe bzw. Stufe oder Stadium durch spezifische Formen der inneren Organisation gekennzeichnet ist. Außerdem durchlaufen alle Kinder die Stadien in gleicher Reihenfolge (sequentielle Entwicklung) und letztlich ist der Übergang von einem Stadium zum nächsten nicht nur durch Hinzufügen neuer Schemata gekennzeichnet, sondern auch durch eine Umorganisation der Schemata.[22]

2.2.3 Piagets Stufenkonzept

Piaget unterscheidet vier Hauptstadien der geistigen Entwicklung:[23]
1. die *sensomotorische Intelligenz*, im Alter bis zu 2 Jahren,

---

[18] vgl. Oerter/Montada: "Entwicklungspsychologie", S. 561.
[19] vgl. Miller, P.: „Theorien der Entwicklungspsychologie", S. 51.
[20] vgl. Miller, P.: „Theorien der Entwicklungspsychologie", S. 51.
[21] vgl. ebd., S. 53.
[22] vgl. Zimbardo: „Psychologie", S. 74.
[23] vgl. ebd.

2. das *voroperatorische anschauliche Denken* (oder auch die Stufe des symbolisch-vorbegrifflichen und symbolisch-anschaulichen Denkens), im Vorschulalter, von etwa 2-7 Jahren,
3. die *konkreten Operationen* (oder auch die Stufe des logisch konkreten Denkens), im Alter von etwa 7-11 Jahren und
4. die *formalen Operationen* (oder auch die Stufe des formalen Denkens), etwa ab dem 12. Lebensjahr.

Die Altersangaben sind nur ungefähr, doch Piaget legt großen Wert auf die Reihenfolge der Stadien, diese ist für ihn universell. Die Stadien sind aufeinander aufbauend und stehen in Wechselwirkung zueinander. Piaget behauptet, dass keine spätere Phase ohne die vollständige Erlangung der früheren erreicht werden kann.

Jedes Hauptstadium ist wiederum in mehrere Unterstadien unterteilt. Hier entwickelt sich die Intelligenz und somit das Denken durch Schemabildung in der geistigen Auseinandersetzung des Kindes mit seiner Umwelt.[24] Im Wesentlichen sind für die Grundschule die Stufen des symbolisch-anschaulichen Denkens und die Stufe des logisch-konkreten Denkens sowie der Übergang zwischen diesen beiden Stufen von großer Bedeutung. Da die Stufe der formalen Operationen erst am Ende der Grundschulzeit zum Tragen kommt und von daher für die Anwendung von Lernspielen in der zweiten Klasse keine Bedeutung hat, wird hierauf nicht weiter eingegangen.

2.2.3.1 Die sensomotorische Intelligenz

Obwohl in dieser Arbeit hauptsächlich die kognitive Entwicklung im Grundschulalter (6-12 Jahre) und insbesondere der Entwicklungsstand in der zweiten Klassenstufe thematisiert werden soll, ist die Stufe der sensomotorischen Entwicklung jedoch eine notwendige Voraussetzung für alle weiteren Stufen. Deshalb soll sie hier ebenfalls kurz dargestellt werden:

Es gibt bereits intelligente Anpassungen des Kindes an seine Umwelt im Alter von 18 bis 24 Monaten.[25] Diese erfolgen allerdings noch vorwiegend in der Form, dass spontane Handlungen, zunächst aufgrund angeborener reflektorischer Schemata, mit gerade vorhandenen Wahrnehmungsein-

---

[24] vgl. Oerter/Montada: "Entwicklungspsychologie", S. 561.
[25] vgl. Zimbardo: „Psychologie", S. 74.

drücken koordiniert werden. In dieser Phase baut das Kind über eine immer größer werdende Reihe von primären, sekundären und tertiären Kreisprozessen (zunächst Lutschen, dann Greifen und später Hantieren) die Gesamtheit der kognitven Substrukturen für die späteren wahrnehmenden und intellektuellen Konzeptionen auf.[26] Daher ist diese Phase grundlegend für die spätere kognitive Gesamtenwicklung eines Kindes.

Die sensomotorische Entwicklung unterteilt Piaget in sechs Stufen: Übung angeborener Reflexmechanismen, primäre Kreisreaktionen, sekundäre Kreisreaktionen, Koordination der erworbenen Handlungsschemata und ihre Anwendung auf neue Situationen, tertiäre Kreisreaktionen, Übergang vom sensomotorischen Intelligenzakt zur Vorstellung.[27]

2.2.3.2 Das voroperatorische anschauliche Denken

a) Die Stufe des symbolischen und vorbegrifflichen Denkens (ca. 2 bis 4 Jahre)

Auf dieser Stufe lässt sich beim Kind das Denken im Sinne von verinnerlichtem Handeln eindeutig nachweisen, es ist jetzt außerdem in der Lage, mit Vorstellungen und Symbolen umzugehen.[28] Diese bezeichnet Piaget als Vorbegriffe. Das wichtigste Kennzeichen dieses Stadiums ist das Erlernen und Beherrschen der Sprache. Das Kind kennt die symbolische Funktion der Sprache, da es gelernt hat, Dinge mit Namen zu benennen. Eng damit hängt die Bildung von Begriffen zusammen, ohne die jedoch abstraktes Denken nicht möglich ist.

b) Die Stufe des symbolisch-anschaulichen Denkens (ca. 4-7 Jahre)

Am intensivsten wurde von Piaget die Phase des Übergangs vom voroperatorischen zum operatorischen Denken erforscht. Hier kommt es praktisch zu einer Explosion der Begriffsinstrumentarien, denn das Kind entwickelt während dieser Stufe bereits echte Begriffe, obwohl das Denken noch stark an die Anschauung gebunden ist.[29] Vorerst bleibt das Kind

---

[26] vgl. ebd.
[27] vgl. Oerter/Montada: "Entwicklungspsychologie", S. 562.
[28] vgl. Zimbardo: „Psychologie", S. 75.
[29] vgl. Zimbardo: „Psychologie", S. 75.

meistens bei einem aus Wahrnehmungssicht markanten Merkmal hängen, es kann nämlich noch nicht mehrere Aspekte eines Gegenstands oder eine Beziehung zwischen ihnen gleichzeitig erfassen und berücksichtigen.

Diese Phase, die von instabilen logischen Regeln geprägt ist, geht zu einer qualitativen Veränderung über. In diesem Stadium macht das Kind Fehler[30], die Piaget als unangemessene Generalisierung, Egozentrismus des Kindes, Zentrierung, eingeschränkte Beweglichkeit sowie als fehlendes Gleichgewicht benennt.

2.2.3.3 Das Stadium der konkreten Operationen

Das Denken des Kindes ist während der Phase der konkreten Operationen zwar weiterhin an konkrete Anschauungen gebunden, es besitzt jedoch eine weitaus größere Beweglichkeit als im vorangegangenen Stadium des voroperatorisch anschaulichen Denkens.[31] Das bedeutet, dass die Denkhandlungen des Kindes „kompositionsfähig" und „reversibel" werden, d. h. Gedanken können zusammengesetzt und schließlich bis zu ihrem Ausgangspunkt zurückverfolgt werden. Diese Denkhandlungen werden von Piaget „Operationen" genannt.

> Eine Operation ist eine verinnerlichte Handlung und Teil einer organisierten Struktur. Mit der Fähigkeit, solche Operationen oder Konzepte zu gebrauchen, sind die Repräsentationen des Kindes nicht mehr - wie im präoperativen Stadium - einfach isoliert oder nebeneinandergestellt, sondern sie gewinnen ein Eigenleben[32]

Sie versetzen den Schüler in die Lage, grundlegende mathematische Begriffe wie Menge, Zahl, Länge, Addition, Kleinerbeziehung und auch Multiplikation aufzubauen.[33]

2.2.3.4 Das Stadium der formalen Operationen

Hier tritt nach Piaget mit dem formalen Denken, das grundsätzlich hypothetisch-deduktiv ist, eine Sinnesumkehrung zwischen dem Wirklichen

---

[30] vgl. ebd.
[31] Zimbardo: „Psychologie", S. 76.
[32] Oerter/Montada: "Entwicklungspsychologie", S. 560.
[33] vgl. Zech: „Grundkurs Mathematikdidaktik", 1977, S. 93.

und dem Möglichen ein. Denkoperationen können auf dieser Stufe mit abstrakten, nicht mehr konkret vorstellbaren Inhalten durchgeführt werden.[34] Dies stellt die höchste Form des logischen Denkens dar. Das Denken stützt sich nun nicht mehr auf Gegenstände, sondern vorwiegend auf verbale bzw. symbolische Elemente. Die Reversibilität ist jetzt auch abstrakt gegeben. Die Kinder können nun mit Operationen operieren, das heißt z. B. über ihr eigenes Denken und die Form ihrer Argumentation nachdenken. Das formale Denken besteht folglich aus einem System von Operationen in zweiter Potenz. Nicht nur die inhaltliche Richtigkeit von Aussagen wird überprüft, sondern auch deren logische Form. Der Schüler kann nun allmählich logische Schlüsse ziehen, ohne auf konkretes Anschauungsmaterial angewiesen zu sein.[35] Anhand dieser Gliederung der Denkentwicklung ist festzustellen, dass sich die Schüler der zweiten Klasse im „Stadium der konkreten Operationen" befinden.

> Besonders in den von Piaget beschriebenen Phasen, in denen sich das Grundschulkind befindet, nämlich der präoperativen Phase und der Phase der konkreten Operationen, wird das Spiel zum „Medium" der Entwicklung. Es bildet den Rahmen des Übens, des Sich- Erprobens und des Sich-Vervollkommens.[36]

2.3 Neuere lernbiologische Erkenntnisse

Zum Vergleich und zur Vervollständigung werden an dieser Stelle neuere Forschungen von Lerntheorien vorgestellt und mit unterrichtsrelevanten Folgerungen verbunden, im letzten Abschnitt speziell für den Mathematikunterricht.

2.3.1 Konstruktivistische Lernforschung und Unterricht

Die konstruktivistischen Lerntheorien basieren auf zentralen Erkenntnissen von den Neurobiologen Maturana und Varela (1980). Wissen wird, laut verschiedener Studien aus der Gehirnforschung, individuell aufgebaut, indem aus vielen Einzelerfahrungen Kategorien und Regeln abgeleitet werden. „So lernt ein Kind die Charakteristika eines Baums nicht durch den Vortrag des Lehrers, sondern durch die Betrachtung unzähliger Bäume und die Suche nach Gemeinsamkeiten und dem Regelhaften in diesen

---

[34] vgl. Zimbardo: „Psychologie", S. 77.
[35] vgl. Zech: „Grundkurs Mathematikdidaktik", S. 94.
[36] Walter: „Spiel und Spielpraxis in der Grundschule", S. 78; zitiert nach Sinhart 1982, S. 150 und Röhrs 1981, S. 74.

Bildern."[37] Das „Lernen ist somit immer eine individuelle Konstruktionsleistung, deren Qualität mit der Vielseitigkeit der Erfahrung wächst."[38] Die Funktion des Lehrers liegt demnach mehr in der Schaffung von Erfahrungsräumen als darin, Wissensbestände nur zu präsentieren. Die Lernenden können die Tauglichkeit ihres Wissens zur Lösung von Problemen nur überprüfen, indem sie es praktisch handelnd anwenden und sich mit anderen Lernenden austauschen. Der praktische Nutzen neu aufgebauten Wissens muss sich anhand realer Aufgaben bewähren. Nach konstruktivistischer Ansicht bleibt Wissen immer individuell, wonach es kein falsches Wissen geben kann, sondern nur Wissen, das uns mehr oder weniger hilft, relevanten Problemen begegnen zu können.[39]

Der direkte Zusammenhang zwischen persönlicher Erfahrung und kognitiven Modellen lässt sich mit der Objektpermanenz beschreiben. Hier ist die Vorstellung diese, dass Dinge, sobald sie aus dem kindlichen Blickfeld verschwinden, auch physisch nicht mehr existieren. „Mit dieser zunehmenden Erfahrung, die dieser kindlichen Anschauung widersprechen, wird das Kind von ihr abrücken und neue Konstrukte bilden, die die Objekte berücksichtigen."[40] Damit ist ein direkter Zusammenhang nahe liegend. Auch die Qualität und Quantität unmittelbarer Erlebnisse ist für die Wissenskonstruktion und die kognitive Entwicklung von zentraler Bedeutung.

Zusammenfassend ausgedrückt, erfolgt das Lernen aus konstruktivistischer Sicht immer individuell und auf der Basis von Erfahrungen. Neues Wissen knüpft dabei immer an bereits vorhandenes an und kann zu dessen Differenzierung führen.

Die spezifischen Forderungen an die Gestaltung von Lerngelegenheiten gliedern sich wie folgt[41]:

---

[37] Tippelt/Schmidt: „Was wissen wir über Lernen im Unterricht?" in: Pädagogik 3/ 2005, S. 8.
[38] ebd.
[39] vgl. Tippelt/Schmidt: „Was wissen wir über Lernen im Unterricht?" in: Pädagogik 3/ 2005, S. 8.
[40] ebd.
[41] vgl. ebd.

1. Der Lehrer soll Lernressourcen bereitstellen und eine anregende Lernumgebung schaffen.
2. Der soziale Austausch begünstigt Lernprozesse, dieses gilt es zu fördern.
3. Problemorientiertes Lernen fördert anwendungsorientiertes Wissen.
4. Neue Lerninhalte sollten nach Möglichkeit an individuellem Vorwissen anknüpfen. Der Lehrer soll die Schüler ermutigen, im Vorfeld Erfahrungen, Meinungen und Ansichten zu einem Thema zu äußern.

2.3.2 Gehirnforschung und Unterricht

Es ist biologisch bewiesen, dass Emotion und Kognition miteinander verknüpft sind.[42] Das Lernen vermehrt in der Großhirnrinde die Verbindung der Neuronen untereinander.[43] Sind Lernvorgänge mit positiven Emotionen verbunden, erfolgt diese Vernetzung in besonders effizienter Weise.[44] Diese positiven Emotionen können durch das Spielen erzeugt werden. Lernen hat immer mit der Herstellung von Bedeutung zu tun und „geschieht durch Deuten und Interpretieren von Sinneseindrücken. Die so konstruierten Bedeutungen ermöglichen den Aufbau neuer synaptischer Verbindungen zwischen den Neuronen des Gehirns und somit Lernen."[45]

Die möglichen Konsequenzen, die für den Unterricht aus den neurobiologischen Untersuchungen gezogen werden können sind[46]:

1. Das handlungsorientierte Lernen sollte verstärkt eingesetzt werden.
2. Motivation und Lernbereitschaft sind naturgegebene Dinge. Die Aufgabe des Lehrers ist es, demotivierende Faktoren zu vermeiden (z. B. strenge Leistungsbewertung statt Feedback), eine besondere Rolle spielt hierbei die produktive Rückmeldung an die Lernenden.

---

[42] vgl. Tippelt/Schmidt: „Was wissen wir über Lernen im Unterricht?" in: Pädagogik 3/ 2005, S. 9.
[43] vgl. ebd.
[44] vgl. ebd.
[45] Tippelt/Schmidt: „Was wissen wir über Lernen im Unterricht?" in: Pädagogik 3/ 2005, S. 9f.
[46] vgl. ebd., S. 9.

3. Der Unterricht sollte sich an den Entwicklungsphasen der Kinder orientieren. Bestimmte Lernerfolge sind nur in bestimmten Altersphasen zu erwarten, da die zentrale Strukturierung des Gehirns in einem biologisch vorstrukturierten zeitlichem Schema im Kindes- und Jugendalter erfolgt.

Die Ergebnisse aus der neurobiologischen Forschung ergänzen und unterstützen die zentralen Aussagen der konstruktivistischen Lernforschung und verweisen auf die Bedeutung einer geeigneten Lernumgebung. Der Zusammenhang zum Spielen im Unterricht wird durch die handlungsorientierte Ausrichtung, den sozialen Austausch und die Motivation der Schüler gebildet. Die genauere Untersuchung dieser Aspekte erfolgt ab dem Ende des zweiten Kapitels.

2.3.3 Neue Vorstellungen vom Lernprozess bezogen auf den Mathematikunterricht

Die Durchführung des Mathematikunterrichts sollte eng damit zusammenhängen, wie ein Kind rechnen lernt. Dies ist kein technischer Vorgang, sondern vielmehr ein komplexer Prozess, bei dem der Lernende der Arithmetik eine entscheidende Rolle spielt.

> In seinem Kopf müssen Einsicht und Verständnis aufgebaut und Beziehungen zwischen diesen Einsichten hergestellt werden. Alle neueren psychologischen Theorien stimmen darin überein, daß sie Lernen als Konstruktion eines Netzes von Einsichten beschreiben, bei dem „Strukturen", „kognitive Schemata", „mentale Modelle" entstehen.[47]

Zentrale Aspekte der Sicht des neuen Lernens sind:[48]

Die Verlagerung des Schwerpunktes von inhaltlichen Fragen auf Analysen des Lehr-Lern-Prozesses, die Betonung aktiver, konstruktiver und handlungsorientierter Zugänge zur Mathematik und die Bedeutung sozialer Prozesse beim Wissenserwerb.

---

[47] Haarmann (Hrsg.)/Floer: „Vom Einmaleins zum Einmaleins? Neue Vorstellungen zum Lernprozeß" in: „Grundschule, Ein Handbuch", 2000, S. 215.

[48] vgl. Haarmann (Hrsg.)/Floer: „Vom Einmaleins zum Einmaleins? Neue Vorstellungen zum Lernprozeß" in: „Grundschule, Ein Handbuch", 2000, S. 216.

Durch diese neuen Einsichten über Lernprozesse ergeben sich Konsequenzen für den täglichen Unterricht, die in jeder Klasse berücksichtigt werden sollten:

> Es wird deutlich, daß es beim Rechnenlernen um mehr geht als um das Rechnen. Beteiligt ist das ganze Kind, mit all seinen Ängsten und Hoffnungen, seinen Schwierigkeiten und Möglichkeiten. Im Mittelpunkt steht dabei nicht die Mathematik, sondern die Auseinandersetzung des Kindes mit einem Stückchen Mathematik, seine Wege zur Einsicht, seine subjektiven Vorstellungen, auch seine Fehler.[49]

Um den Unterricht so zu gestalten, dass er von den Bedürfnissen und Möglichkeiten des einzelnen Kindes ausgeht, ist es nötig, ihn zu öffnen und ihm folglich eine kindzentrierte Ausrichtung zu geben. Wichtig ist hierbei die Auswahl der geeigneten Materialien. Deshalb werden in dieser Arbeit bestimmte, altersgerechte Lernspiele für die Übung und Festigung der Multiplikation in der zweiten Klasse herausgesucht. Die von mir ausgewählten Lernspiele, die Gegenstand dieser Arbeit sind, berücksichtigen das im obigen Zitat genannte.

2.4 Das Spiel

Was das menschliche und kindliche Spielen ist und was es ausmacht, sollen die folgenden Abschnitte verdeutlichen. Dazu werden die theoretischen Grundlagen des Spielens aufgegriffen, nämlich diejenigen, die Wesensmerkmale des Spiels beschreiben. Welche Merkmale für ein gutes Spiel möglichst zutreffen sollten, zeigen die subjektiven Kriterien auf. Was macht das Spiel im Grundschulunterricht so wichtig?

2.4.1 Was ist Spielen?

„Denn, um es endlich auf einmal herauszusagen, der Mensch spielt nur,
wo er in voller Bedeutung des Wortes Mensch ist,
und er ist nur da ganz Mensch,
wo er spielt."
Schiller

Mit dem Phänomen Spielen haben sich zahlreiche wissenschaftliche Forscher auseinandergesetzt. Entsprechend der unterschiedlichen Absichten und Untersuchungsmethoden kann keine allgemein wissenschaftliche Begriffsklärung formuliert werden (vgl. z. B. anthropo-

---

[49] ebd., S. 216.

logische, sozialtheoretische, biologische und psychologische Theorien). Der Rahmen dieses Teils der Arbeit beschränkt sich auf immer wiederkehrende Merkmale, die in der Fachliteratur diskutiert wurden und werden.

Spielen ist eine wesentliche Verhaltenseigenart des Menschen, eine nicht weiter reduzierbare Erscheinung, ein Urphänomen, das auch bei höheren Tieren zu finden ist und offensichtlich durch einen inneren Trieb hervorgerufen wird.[50] Bereits im Frühkindalter zeigt sich Spielen als bevorzugte Aktivität. Wie die Wissenschaft festgestellt hat, spielen junge Tiere nur dann, wenn sie sich geborgen und sicher fühlen.

Auch das kindliche Spiel kann nur dort stattfinden, wo eine spannungsfreie, freundliche und sorglose Atmosphäre herrscht. Spielen unter Zwang und Stress ist nicht möglich, weil dieser schwache menschliche Trieb sofort von anderen Bedürfnissen überlagert und sogar ausgelöscht wird. Eine Antwort der Entwicklungspsychologie vom tieferen Sinn des Spiels im Kinderalter besagt, dass das Spiel Aufgaben der Lebensbewältigung zu einem Zeitpunkt übernimmt, in dem den Kindern andere Techniken und Möglichkeiten noch nicht zur Verfügung stehen.[51] Die Entwicklung des Spielverhaltens ist durch eine wachsende Differenzierung und Ritualisierung, jedoch nicht durch eine allmähliche Abnahme der Spielaktivität gekennzeichnet. Die moderne Spielpädagogik vertritt die Meinung, dass es nicht die objektiven Spielkriterien sind, die ein Spiel charakterisieren, sondern die subjektive Einstellung jedes Einzelnen, der die Tätigkeit des Spielens ausführt:

„Ob etwas Spiel ist, hängt nicht von der Art der Tätigkeit ab, sondern bedarf bestimmter Bedingungen und Einstellungen, damit ein Verhalten Spielcharakter annehmen kann."[52]

Es folgen nun bestimmte Merkmale und Kriterien, die das Spiel genauer klassifizieren.

---

[50] vgl. Oerter: „Psychologie des Spiels: ein handlungstheoretischer Ansatz", 1993, S. 196.
[51] vgl. Piaget: „Nachahmung, Spiel und Traum", 1969, S. 32.
[52] Krampe/Mittelmann: „Spielen und Üben im Mathematikunterricht", 1999, S. 9.

2.4.1.1 Wesensmerkmale des Spiels

Nach Scheuerl[53] lassen sich bestimmte Wesensmerkmale oder auch Momente des Spieles charakterisieren, die miteinander verknüpft sind und einander bedingen. Sie geben auch die Eigenschaften des kindlichen und menschlichen Spiels wieder:

a) Freiheit

Der Spielende ist frei von außerhalb des Spielens liegenden Zwecken:

> [...] – sie [die Spieler] alle sind nach außen hin frei, mögen sie innerhalb ihres Spiels auch noch so sehr an Regeln und Vorschriften gebunden sein. [...] Soll ein Spiel gelingen, so muß er [der Künstler] sich ihm widmen können, als gäbe es nichts außer diesem Spiel auf der Welt. Eine ähnliche selbst- und weltvergessende Hingabe verlangt das Spiel auch schon vom Kinde.[54]

Das Merkmal Freiheit bzw. Zweckfreiheit ist ein Kriterium zur Unterscheidung zwischen Spiel und formalisiertem Lernen (Arbeit). Unter Berücksichtigung psychologischer Spieltheorien ist das Spiel aber nicht wirklich zweckfrei, sondern intendiert zweckunbewusst bestimmte psychologische Prozesse. Nach Freuds psychoanalytischer Spieltheorie bewältigt das Kind im Spiel lustvolle, positiv empfundene Erfahrungen, die noch nicht vollständig verarbeitet werden konnten. Das Spiel wird so lange aufgegriffen, bis die Erfahrung bewältigt ist (Wiederholungszwang). Das Kind bestimmt Verlauf und Thema des Spiels selbst, und erfährt eine befreiende, kathartische Wirkung.

b) Eigendynamik/Innere Unendlichkeit

Das Spiel drängt nach zeitlicher Ausdehnung, nach ständiger Selbstwiederholung. Dies lässt sich daran erkennen, wie ausdauernd Kinder ein und dasselbe Spiel immer wieder spielen wollen. Jegliches Gefühl für Zeit geht verloren, nur durch äußere Umstände, z.B. Regen oder Zeitdruck, wird ein Spiel beendet.

---

[53] vgl. Scheuerl: „Das Spiel",1991, S.69 ff.
[54] Scheuerl: „Das Spiel", S. 67.

c) Scheinhaftigkeit

Das Spiel bewegt sich in einem von der Realität abgehobenen Wirkungsbereich und deutet eine Bildhaftigkeit des Handelns an. Nach Heckhausen[55] wird diese Scheinrealität des Spielens auch als Quasi-Realität, aus der Erkenntnisse für die Realität gewonnen werden, bezeichnet. Auch das Schlüpfen in eine Rolle oder Täuschungsmanöver verweisen in diesem Moment der Scheinhaftigkeit auf den Als-Ob-Charakter des Spiels.[56]

d) Ambivalenz

Wesentlicher Bestandteil des Spiel ist ein Wechsel zwischen Spannung und Lösung, z. B dargestellt durch Verlieren und Gewinnen, aber auch durch Versuch und Erfolg. Die Ambivalenz meint ein Geschehen in einem Zwischenbereich, Unberechenbarkeit und Überraschung gefährden den Schwebezustand des Spiels. Spannungslosigkeit führt zu seinem Ende. Dies kann an einem mathematischen Beispiel veranschaulicht werden:[57] Schüler dürfen zu einer gedachten Zahl (z.b. 12) beliebig anspruchsvolle oder auch einfache Operationen beschreiben, welche die Zahl 12 als Ergebnis haben (z.B. 6 + 6 oder 2 x 6 oder 15 – 3). Hier können auch ganz kühne Operationen erfolgen (z.B. 5000-4988). Das gewählte Anspruchsniveau bleibt den Kindern überlassen, die versuchen, mit dieser Zahl zu spielen. Wird jetzt jedoch der Spielraum von Seiten des Lehrers begrenzt, indem er vorgibt: „Ihr dürft die 20 nicht überschreiten" oder indem nur vorbereitete Zuordnungen von Aufgaben- und Lösungskärtchen vorgenommen werden können, geht der Spielreiz oft schnell verloren.

e) Geschlossenheit

Dieser Aspekt betont die Abgrenzung, denn jedes Spiel ist an Regeln und Leitideen, aber auch an räumliche und zeitliche Grenzen gebunden.

f) Gegenwärtigkeit

Das Spiel ist ein Moment zeitloser Gegenwärtigkeit und es ist augenblicksgebunden. Dieser Moment korrespondiert mit dem der Scheinhaftigkeit, denn es wird der scheinbare Widerspruch aufgelöst, nach dem das

---

[55] vgl. Heckhausen: „Motivation und Handeln",1989, S. 22.
[56] vgl. Schwander/Andersen: „Spiel in der Grundschule", 2005, S. 18.
[57] vgl. Schwander/Andersen: „Spiel in der Grundschule", S. 20.

Spiel ein Prozess ist und nie fertig wird, andererseits als ein zu Gestaltendes immer schon fertig ist.

2.4.1.2 Subjektive Kriterien des Spiels

Im Gegensatz zu den objektiven Merkmalen der Mathematik sprechen Krampe/Mittelmann beim Spiel von subjektiven Merkmalen oder Kriterien, „die anzeigen, wann ein Schüler eine bestimmte Tätigkeit im Mathematikunterricht als Spiel auffasst."[58] Sie weisen daraufhin, dass jede Aktivität des einzelnen eine subjektive Handlung ist und als Spiel verstanden werden kann.[59] Deshalb soll folgend nur noch von den Kriterien des Spiels gesprochen werden.

„Eine Aktivität im Mathematikunterricht wird vom Schüler besonders dann als Spiel empfunden, wenn möglichst viele der folgenden Kriterien erfüllt sind."[60]

a Kriterium 1: Freiraum:

Dem Schüler soll grundsätzlich Freiraum für Entscheidungen eingeräumt werden.

b) Kriterium 2: Unüblicher Handlungsablauf:

Der Handlungsablauf sollte für den Mathematikunterricht unüblich sein.

c) Kriterium 3: Erfolgserlebnis:

Im Handlungsablauf sollten immer wieder kleine Erfolgserlebnisse vermittelt werden.

d) Kriterium 4: Erfolgschance:

Der Schwierigkeitsgrad und die Lösungszeit muss so angelegt sein, dass sich der (auch weniger mathematisch begabte) Schüler eine Erfolgschance ausrechnen kann.

---

[58] Krampe/Mittelmann: „Spielen und Üben im Mathematikunterricht", S. 10.
[59] vgl. Krampe/Mittelmann: „Spielen und Üben im Mathematikunterricht", S. 10.
[60] ebd., S. 10ff.

e) Kriterium 5: Leicht verständlich:
Die Regeln des Spiels sollen leicht verständlich sein.

f) Kriterium 6: Zielantizipation:
Es soll eine Vorstellung vom Ziel vermittelt werden, das für die Schüler erstrebenswert ist.

g) Kriterium 7: Frei von Leistungsdruck:
Fehler sollen nicht diskriminierend wirken.

h) Kriterium 8: Konvergenz:
Es soll eine möglichst große Konvergenz, also Nähe und Übereinstimmung, zu bereits bekannten Spielen bestehen.

i) Kriterium 9: Unterhaltung und Entspannung:
Spiele im Mathematikunterricht sollten auch die Möglichkeit zu Unterhaltung und Entspannung bieten und sich vom herkömmlichen Mathematikunterricht abheben.

j) Kriterium 10: Spannung:
Auch der Wettkampfcharakter in einem Spiel ist von großer Bedeutung. Durch ihn wird ein Spiel spannend.

Es ist nicht notwendig, dass auf eine Schüleraktivität alle zehn Kriterien zutreffen, doch sollte eine möglichst große Anzahl dieser Punkte berücksichtigt sein.[61] Daraus ergibt sich folgende Definition für das Lernspiel:

> Unter der Voraussetzung, dass mit einer solchen, von Schülern individuell erlebten und aus den beschriebenen Gründen als Spiel empfundenen Aktivität ein mathematischer Lerninhalt verknüpft ist und /oder ein Lernziel verfolgt wird, wollen wir im folgenden diese Tätigkeit als Mathematisches Lernspiel bezeichnen.[62]

---

[61] vgl. Krampe/Mittelmann: „Spielen und Üben im Mathematikunterricht", S. 14.
[62] ebd., S. 13.

Wird ein Vergleich von den Wesensmerkmalen des Spiels nach Scheuerl[63] (siehe Abschnitt 2.4.1.1 in diesem Kapitel) und den subjektiven Kriterien des Spiels[64] nach Krampe/Mittelmann (siehe oben) gezogen, zeigt sich eine deutliche Parallelität in vielen Punkten, wobei Scheuerl die Kriterien zur Charakterisierung des Spiels und nicht zur Beschreibung spielerischer Aktivität des Kindes benutzt.[65]

2.4.2 Das Spiel - ein unverzichtbares Medium im Grundschulunterricht

Dass das Spiel eine Grundbedingung des Lebens darstellt, „hat sich auch in der engeren Betrachtung von Spielen und Entwicklung, Lernen, Arbeiten und Unterrichten"[66] als erwiesen gezeigt. „Es bildet eine wichtige elementare Lebensform neben und in Verbindung mit der Lernarbeit."[67] Das Spiel ist im Prozess der Persönlichkeitswerdung zur Entwicklung der kognitiven, seelischen, kreativ-schöpferischen, sozialen, körperlich-motorischen und selbststeuernden Kräfte zentral.[68] Im Lernspiel können bei den Schülern die kognitiven, seelischen und sozialen Aspekte angesprochen und weitergebildet werden.

Das Spiel kann die Ernsthaftigkeit der Welt außer Kraft setzen und somit in einer entspannten Atmosphäre stattfinden. Auf diese Weise können die explorativen, simultativen, sozialen und innovativen Leistungen voll entfaltet werden.[69] Das Kind benötigt einen mitbestimmbaren Aktivitäts- und Handlungsraum in der Schule, der durch das Spielen gegeben wird. Die folgenden Kriterien zeigen auf, was das Spiel für den Unterricht so wichtig macht:[70]

- Das Spiel schafft Freiheit und Spielraum für gute Einfälle und die Kreativität der Mitspieler.
- Im Spiel werden Handlungen und Überlegungen vielfältig verknüpft, verschiedene Wege durchdacht, die nächsten Schritte vorausgeplant,

---

[63] vgl. Scheuerl: „Das Spiel", S.69 ff.
[64] vgl. Krampe/Mittelmann: „Spielen und Üben im Mathematikunterricht", S. 10ff.
[65] vgl. ebd., S. 13.
[66] Walter: „Spiel und Spielpraxis in der Grundschule", S. 164.
[67] ebd.
[68] vgl. ebd.
[69] vgl. ebd., S.164.
[70] vgl. Haarmann (Hrsg.)/Floer: „Vom Einmaleins zum Einmaleins? Spiele" in: „Grundschule, Ein Handbuch", S. 222.

Aktionen der Mitspieler berücksichtigt. Auf diese Weise helfen Spiele, beziehungsreiches Lernen zu fördern.

- Das Spiel zwingt nicht zum Vorgehen in gleicher Form und mit gleichem Tempo für alle Lernenden. So haben auch schwächere Kinder mehr Chancen als an anderen Stellen im Unterricht. Dabei kommt soziales Lernen fast zwangsläufig ins Spiel.
- Nicht zuletzt, dies darf nicht vergessen werden, machen gute Spiele Spaß.

Das oben erwähnte, versucht auch die Frage zu klären, woran ein gutes Spiel erkannt werden kann. Hierzu müssen auch die Wesensmerkmale des Spiels nach Scheuerl (siehe Abschnitt 2.2.1) und die subjektiven Kriterien des Spiels (siehe Abschnitt 2.2.2) miteinbezogen werden.

Nun könnte gemeint sein, dass damit die Güte eines Spiels festgelegt ist, doch dem ist nicht so. Spiele spielen Kinder und auch Erwachsene mit den unterschiedlichsten Vorerfahrungen und Erwartungen. „Das gleiche Spiel kann dem einen Kind große Freude machen, einem anderen aber nicht."[71] Der Reiz des Spiels hängt folglich von sehr vielen Faktoren ab, die hier nur angedeutet werden können. So zum Beispiel von geeignetem Material, anregenden Spielregeln, abwechslungsreichem Spielverlauf sowie den Spielpartnern.[72]

Die Frage, ob der Reiz des Spiels und die Freude daran sich auf das Lernen übertragen lässt, wird nach vielen praktischen Erfahrungen bejaht.[73] Spielend lernt es sich besser. Die Zusammenhänge von Lernen und Spielen sollen im folgenden Abschnitt genauer beleuchtet werden.

2.5 Zusammenhang von Lernen und Spielen

In den vorigen Abschnitten des 2. Kapitels (siehe Abschnitt 2.1 bis 2.4) wurden Lernen und Spielen als einzelne Bereiche betrachtet. Nun folgt die Zusammenführung beider, die eine Grundlage für das nächste Kapitel 3, dem Lernspiel, bildet.

---

[71] Floer: „Spielen und Lernen im Mathematikunterricht" in: Matheunterricht 31, Heft 3, 1985, S. 29.
[72] vgl. ebd., S. 29.
[73] vgl. Floer: „Spielen und Lernen im Mathematikunterricht" in: Matheunterricht 31, Heft 3, S. 30.

Die bereits beschriebenen Prozesse der Assimilation und Akkomodation finden beim Spielen ebenfalls statt. Das Spiel stellt eine Aufgabe und Herausforderung an das kognitive System dar. Es wird ein Konflikt initiiert, der durch die Funktion der Assimilations- und Akkomodationsprozesse überwunden wird[74]. Das Kind assimiliert zunächst die Aufgabe, d. h. es wendet Verhaltens- und Denkweisen an, die bei anderen Spielen zum Erfolg geführt haben. Ist der Assimilationsprozess erfolglos, dann müssen durch Akkomodation neue Verhaltens- und Denkweisen entwickelt werden. Die kognitiven Denkprozesse werden angeregt und stabilisiert, was Lernen bedeutet. Der individuelle Entwicklungsstand, das kognitive Stadium, bestimmt darüber, welche Intelligenzleistungen entwickelt werden können (z. B. das räumliche Vorstellungsvermögen).

Über den kognitiven Bereich hinaus ermöglicht das Spielen auch die Entwicklung von Lernprozessen im sozialen Bereich (z. B. durch Rollenspiele, Interaktionsspiele). Durch das Spielen werden Grundfertigkeiten des menschlichen sozialen Zusammenlebens vermittelt. Fähigkeiten wie Rücksichtnahme, Geduld und Toleranz lassen sich im Spielprozess üben. Sie zeigen sich im Spiel durch das Einhalten von Spielregeln, abwarten können und aufeinander Rücksicht nehmen.

Der Zusammenhang von Lernen und Spielen ist folglich in kognitiven und sozialen Denk- und Handlungsprozessen zu verstehen, die in einer folgenden Verhaltensänderung schließlich einen Lernprozess mit sich ziehen können.

Im Verhältnis Spielen und Lernen folgt Walter folgender Grundposition[75]: Spielen wird vom Lernen begleitet, sofern die notwendigen Spielvoraussetzungen gegeben sind. Das Spiel stellt ein Medium des Lernens dar, bei dem die Spielenden die Lernanstrengungen selbst nicht realisieren. Sie entfalten die im Medium Spiel geforderten Kräfte aus sich heraus und mit hoher intrinsischer Motivation.

---

[74] Piaget: „Nachahmung, Spiel und Traum", 1969, S. 69.
[75] vgl. Walter: „Spiel und Spielpraxis in der Grundschule", S. 88 und 90ff.

3. Das Lernspiel

Was das Lernspiel ist und was es speziell für den Mathematikunterricht ausmacht, soll das folgende Kapitel aufzeigen. Nach einer allgemeinen Beschreibung wird die Verbindung zum Unterricht gezogen und danach die Stellung des Lernspiels im Mathematikunterricht beschrieben. Es folgen die verschiedenen Formen mathematischer Lernspiele und die Einordnung in den Berliner Rahmenplan der Mathematik. Schließlich werden die Möglichkeiten und angestrebten Ziele des Einsatzes von Lernspielen im Mathematikunterricht thematisiert.

3.1 Allgemeine Einordnung des Lernspiels

Das Lernspiel als Unterrichtsmedium ist bereits seit langer Zeit bekannt. Bereits aus dem Jahre 1930 existieren mathematische Spielesammlungen von Kowalewski.[76] Doch erst in den letzten Jahrzehnten findet sich gehäuft fachdidaktische Literatur zum Lernspiel im Mathematikunterricht.[77]

In der Literatur wird das Lernspiel überwiegend als positives Unterrichtsmedium dargestellt, doch gibt es natürlich auch gegenteilige Meinungen:

> [Lernspiele sind] eine schuleigentümliche Lernform, die den Schüler in eine Spielhaltung zu setzen versucht. Es stehen auch industriell gefertigte Lernspiele (Quartette, Lottos, Lese- und Rechenspiele, Sprachspiele) zur Verfügung [...] Lernspiele sind in Wirklichkeit Arbeitsmittel, die vom Spielgerät nur den Namen und die äußere Form haben.[78]

Hier ist deutlich zu erkennen, dass Schorb das Fehlen bestimmter Spielmerkmale wie zum Beispiel die vom Spiel allgemein geforderte Zweckfreiheit (siehe Wesensmomente des Spiels) kritisiert. Ein Spiel ist für ihn eine Überlistung des Schülers zu tatsächlichem Arbeiten. Doch dies entspricht nur einer Mindermeinung und der muss widersprochen werden, da den Schülern bewusst sein sollte, dass das Lernen mathematischer Fertigkeiten auch durch ein Spiel stattfinden kann. Allgemein werden Einschätzungen dieser Art heutzutage meist nicht mehr vertreten, denn es finden sich in der moderneren Literatur fast durchweg positive Äußerungen zum Thema Lernspiele, da der Wert dieser in zunehmendem Maße

---

[76] vgl. Krampe/Mittelmann: „Spielen und Üben im Mathematikunterricht", S. 8
[77] ebd.
[78] Schorb: „160 Stichworte zum Unterricht", S. 115

erkannt wird: „Es könnte sich für alle Beteiligten lohnen, auch im Rahmen institutionellen Lehrens und Lernens mehr – und vor allem: mehr systematisch und nach didaktischen Kriterien – zielgerichtet zu spielen."[79]

Hans Scheuerl erkannte bereits 1979 die Unterschätzung des großen Werts des Lernspiels:

> Lehr – und Lernspiele, wesentliche Formen des freien und des gebundenen Experimentierens oder des gestalterischen Spielens werden von manchem Spieltheoretiker als „unreine" oder „komplexe" Spielformen von vorneherein aus dem Kreis des Betrachteten ausgeschlossen oder finden nicht die Würdigung, die ihnen vom pädagogischen Standpunkt aus zukommt.[80]

Die Ansicht, dass Lernen und Spielen nicht zusammenpassen können und beim Spielen kein Lernen möglich ist, ist als längst überholt anzusehen. „Spielen ist nicht die Gegenwelt des Lernens, sondern ein Teil, eine Erscheinungsform von Lernen. Spiele sind ein Acker für Kreativität, für Intuition, aber auch für Konzentration und Ausdauer, für Phantasie und Intensität."[81]

Eine Vielzahl von Autoren sehen im Einsatz von Lernspielen eine echte Lernchance[82], was durch die folgenden Definitionen belegt wird:

> Lernspiele sind also keine echten Spiele, sondern spielgeformte Arbeitsmittel, die dem Kinde die Möglichkeit geben, Aufgaben in einer seiner Lebensform angemessenen Weise zu bewältigen. Bei dieser Form der Arbeitsmittel wird die Spielfreude angesprochen. Das Kind wendet sich dem Spiel spontan zu, gibt sich ganz und gelöst dem Tun hin und erfährt so in hohem Maße die Zunahme seines Könnens.[83]

> Lernspiele sind im Unterricht als Lernmittel anzusehen und zu integrieren und können von den Schülern auch als solches interpretiert werden. Nicht nur als ein Mittel, um den Schülern etwas beizubringen, ohne dass sie es

---

[79] Döring: „Lernen durch Spielen", S. 10.
[80] Scheuerl: „Das Spiel", S. 65.
[81] Baer/Dietrich/Otto (Hrsg.): „Spielzeit", Friedrich Jahresheft 13, 1995, S. 1.
[82] vgl. auch Radatz/Schipper: „Handbuch für den Mathematikunterricht an Grundschulen", 1983, S.167.
[83] Meins/Schiller: „Lern- und Arbeitsmittel" in: „Handbuch für Lehrer."Bd.1, 1966, S. 456.

merken, vielmehr als ein Mittel, um ihnen zu zeigen, dass Lernen auch Freude bereiten kann.[84]

Und um eben diese Freude geht es, denn mit ihr wird das Lernen positiv begleitet und somit erleichtert. Nach Floer ist diese eine „unabdingbare Voraussetzung"[85]:

> Mir scheint, daß damit [mit Spaß am Spiel] eine der zentralen Fragen des Lernens im Mathematikunterricht angesprochen ist. Es geht sicher nicht darum, das Lernen nicht ernst zu nehmen, sondern Anreize zum Lernen zu schaffen, es leichter zu machen, sich mit Mathematik einzulassen, Freude an ihr zu gewinnen. Freude am Lernen ist ja keineswegs etwas, das in besonders günstigen Fällen zum „eigentlichen" Lernen hinzukommt. Sie ist vielmehr eine unabdingbare Voraussetzung [...][86]

Um das Lernspiel noch genauer zu erläutern, wird es nun dem Unterricht zugeordnet.

3.2 Das Lernspiel im Unterricht

„Als Lernspiel werden alle jene Spielformen bezeichnet, mit deren Hilfe im ursprünglichen Sinn das Lernen von Zeichen, Begriffen und Fakten sowie deren regelhafte Ordnungsbeziehung provoziert werden soll."[87]

Das Lernspiel steuert in kindgemäßer Form ein bestimmtes fachliches Ziel an. Nach Kluge[88] trägt das Lernspiel formal die Kennzeichen bekannter Gesellschaftsspiele, inhaltlich ist es aber auf ein mögliches Lernziel ausgerichtet. Die Vorstellung allgemeiner Spieltheorien, dass das Spiel eine völlig zweckfreie Aktivität sein sollte und ist, kann für das Lernspiel im Unterricht nicht gelten. Der Einsatz von Lernspielen im Unterricht verfolgt konkrete Absichten. Nach dem heutigen Diskussionsstand besteht Einigkeit darüber, dass das Spiel bereits in der Grundschule didaktische Funktionen erfüllen kann:

> Das Spiel enthält viele Elemente, die im Unterricht leicht zu kurz kommen: Freiheit der Entscheidung, Ungewissheit über den Ablauf, Spaß am Spiel, Zusammenspiel mit anderen. Wenn durch das Spiel einiges davon in den Unterricht gebracht wird, dann hat es sicher einen unbestreitbaren Wert.

---

[84] vgl. Lichtenberger in: „Spiele: mathematisch."1986, S. 5.
[85] Floer: „Spielen und Lernen im Mathematikunterricht", S. 32.
[86] Floer: „Spielen und Lernen im Mathematikunterricht", S. 32.
[87] Kube: „Spieldidaktik", 1977, S.41.
[88] vgl. Kluge: „Das Unterrichtsspiel", 1968, S. 42.

Dieser Reiz muss keineswegs verloren gehen, wenn das Spiel Lernen erleichtern soll. [89]

In der Fachliteratur wird die Bedeutung des Spiels beim Erwerb grundlegender Qualifikationen immer wieder hervorgehoben. Ein weiteres wichtiges Argument, das für den Einsatz von Lernspielen im Unterricht spricht, ist die dadurch geförderte Motivation des Schülers, denn das Spiel ist für den Schüler ein freudvolles Ereignis (siehe die Beschreibungen in Abschnitt 2.4.2 und 3.1). Es kann auch eine Motivationssteigerung durch Freude am Erlernen von speziellen Lerninhalten hervorrufen. Nicht nur, dass Lernspiele eine Abwechslung im Unterrichtsalltag bieten; sie können auch auf den zu vermittelnden Stoff neugierig machen. Lernspiele können somit dazu beitragen, Spaß an der Mathematik zu haben.

Leistungsschwächere Schüler, die bereits eine ablehnende Haltung oder sogar Ängste vor dem Mathematikunterricht aufgebaut haben, werden durch die spielerische Form zur Auseinandersetzung mit mathematischen Inhalten herausgefordert (durch das Wecken von Neugierde und Spiellust sowie das Erkennen einer Gewinnchance). Eine entspannte, freudvolle Atmosphäre und die Lernbereitschaft können sich positiv gegenüber Lernschwierigkeiten und „Lernunlust" auswirken.

Die vielfältig einsetzbaren Spielformen von Lernspielen ermöglichen ein Lernen mit allen Sinnen und sprechen somit verschiedene Lerntypen an. Ebenso ermöglichen mathematische Lernspiele eine Differenzierung und Individualisierung des Lernens und können folglich helfen, vorhandene Lernschwierigkeiten abzubauen. Bei der Bearbeitung von Aufgabenstellungen haben Kinder unterschiedliche Arbeitstempi. Mit Lernspielen kann darauf reagiert werden, indem diese im Unterricht für die verschiedenen Sozialformen (Einzel-, Partner-, Gruppenarbeit) angeboten werden und die Schüler in den unterschiedlichen Sozialformen je nach Leistungsmöglichkeiten zusammen arbeiten. Dies entspricht der Binnendifferenzierung.

Das Lernspiel ist beispielsweise auch im Förderunterricht gut geeignet, um Lernschwierigkeiten, die im affektiven, d. h. gefühlsmäßigen Bereich liegen, abzubauen. Durch die Spielhandlung kann die (intrinsische) Moti-

---

[89] Floer: „Im Einmaleinsland" in: Die Grundschulzeitschrift. H3/ 1992, S. 10.

vation von leistungsschwächeren Schülern geweckt und ihr Selbstbewusstsein durch kleine Erfolge gestärkt werden.

3.3 Stellung des Lernspiels im Mathematikunterricht

Für den Mathematikunterricht gelten zunächst einmal die gleichen Voraussetzungen wie in anderen Schulfächern. Ein flächendeckender Einsatz von Lernspielen ist nicht vorhanden. Vieles hängt von der Bereitschaft der Lehrer ab, einen gewissen „Mehraufwand" in der Unterrichtsvorbereitung und einen größeren Geräuschpegel in der Unterrichtsdurchführung in Kauf zu nehmen. Es müssen strukturelle Voraussetzungen für den äußeren Unterrichtsrahmen geschaffen werden, um den Einsatz von Lernspielen effektiv zu gestalten. In erster Linie muss der Lehrer um die Bereitschaft der Schüler zum Spielen wissen. Er ist es, der bei der Auswahl eines Spiels die Motivation der Schüler wecken will. Der Schwierigkeitsgrad darf weder eine zu starke Unter- noch Überforderung bei den Schülern auslösen.

> Mathematische Spiele sind so konstruiert, dass sie eine mathematische Idee in reiner Form verkörpern. Die Kinder können diese Idee durch gelenkte Beschäftigungen mit dem Material selbst entdecken. Die mathematisch relevanten Eigenschaften des Spielmaterials sind- anders als im Falle von Spielsachen und Gebrauchsgegenständen- leicht erkennbar und einfach zu beschreiben.[90]

Des Weiteren sollte die Lerngruppe durch gezielte Vorbereitung zu eigenständiger Partner- oder Gruppenarbeit befähigt werden. Nur wenn die Schüler kommunizieren und kooperieren, wenn sie kontinuierliches, individuelles wie gemeinsames, jedoch graduell lehrerunabhängiges Lernen praktizieren können, werden sie die ihnen vorliegenden Spielregeln selbstständig anwenden und erweitern und somit an den eigenen Lernfortschritt anpassen können.[91]

Ebenso verändert sich die Rolle des Lehrers wie die des Schülers bei vielen Lernspielen grundlegend. Der Lehrer muss in der Lage sein, Führung und Kontrolle ruhen zu lassen und vielmehr als Lernbegleiter, Moderator oder schlicht Beobachter in den Hintergrund zu treten. Die Situation des offenen Unterrichts bzw. von offenen Situationen fordert vom Lehrer außerdem die Position des Beaufsichtigenden, Vermittlers, Helfenden, Erklä-

---

[90] Schwander/Andersen: „Spiel in der Grundschule", S. 99.
[91] vgl. Heckt/Sandfuchs: „Grundschule von A – Z", 1993, S.268.

renden und spontan Handelnden. Dies fällt nicht allen Lehrern gleichermaßen leicht. Von großer Bedeutung für eine optimale Spielgestaltung ist auch die Sitzanordnung und Tischstellung im Klassenraum.

Es sollte für die Schüler möglich sein, das Spiel an einem Ort durchzuführen, an dem sie weder vom Lärm noch von Aktivitäten anderer Gruppen gestört werden. Auch sind genug Freiräume zu schaffen, damit die Schüler bei z. B. auftretenden Fragen, bei der Kontrolle mit einem Kontrollbogen oder bei dem Wechsel eines Spiels die Möglichkeit haben, den Lehrertisch bequem zu erreichen.

Ergänzend bzw. vergleichend dazu sei die Liste von Vernay genannt, der fünf Punkte zur Durchführung von Lernspielen im Unterricht herausstellt, die auch für den Mathematikunterricht gelten: Es soll auf eine ansprechende Spielidee und Spielausstattung, einfache Spielregeln und die Beachtung des Glücksfaktors geachtet werden.[92] Außerdem sollen Kontrollmöglichkeiten eingebaut werden und die Herausforderungen den Fähigkeiten angepasst werden.[93]

Die Unterrichtspraxis zeigt, dass zumindest für den Stundenauftakt und für die Einstimmung auf den Mathematikunterricht Lehrkräfte häufiger auf Rechen-/Lernspiele zurückgreifen, als dies in anderen Fächern der Fall ist. Die Forderung nach „täglichen, mündlichen Rechenübungen"[94] ist wohl inzwischen allgemeine Unterrichtspraxis. In der Tat sind die Gründe für das tägliche 5-10 Minuten – Rechnen einleuchtend, da kein anderes Unterrichtsfach infolge seines systematischen Aufbaus so sehr auf ständige Wiederholung angewiesen ist wie die Mathematik. Diese kleinen Rechenspiele zu Themeninhalten wie dem Kleinen 1x1, der Addition und Subtraktion, dem Runden und Überschlagen und dem Rechnen mit Größen haben also eine ähnliche Funktion wie das „warm-up" im Sportunterricht.[95]

Dabei hat der Lehrer zu beachten, dass auch eine motivierende Einstimmung stattfindet, d. h. die ständige Gewohnheit des Kopfrechnens zum Stundenbeginn darf nicht zu einer übermäßigen Belastung oder gar Her-

---

[92] vgl. Vernay: „Spielen wir heute? – oder „ludendo discimus" in: Mathematik lehren. Sammelband Spiele, 2001, S. 2-8.
[93] vgl. ebd.
[94] vgl. Krampe/Mittelmann: „Spielen und Üben im Mathematikunterricht", S. 26.
[95] Krampe/Mittelmann: „Spielen und Üben im Mathematikunterricht", S. 26.

absetzung zulasten der lernschwachen Schüler werden. Spielformen, in denen die Schüler sich setzen können, wenn sie eine Aufgabe gelöst haben oder das sehr verbreitete „4-Ecken-Rechnen" sind daher nicht geeignet.

Die meisten Anregungen für den Einsatz von Lernspielen im Mathematikunterricht finden sich in der didaktischen Literatur zu der Unterrichtsphase „Üben und Festigen" von Lerninhalten. Viele Schulen verfügen über Sammlungen von Spielen, die die Lehrer im Laufe der Zeit immer wieder einsetzen und erweitern können, diese sollten systematisch nach Lerninhalten gegliedert sein.

Je umfangreicher eine solche Sammlung des Lehrers allerdings ist, desto stärker wächst die Gefahr einer „Inflation des Spiels"[96], da es zu einer Gewöhnung führen würde. Es kann folglich nicht sinnvoll sein, zu jedem Lerninhalt ein Spiel bereit zu halten, da auch bei den Schülern die Lust und Freude am Spiel verloren gehen kann. Wie beliebt ein Spiel bei den Kindern ist, liegt vor allem an der Einstellung der Lehrer zum Spiel. Auch das spannendste Spiel kann zur langweiligen Pflichtübung werden, wenn die Lehrer etwa den Lerncharakter des Spiels zu sehr betonen, obwohl im Prinzip jedem Schüler bewusst ist, dass Spiele im Unterricht nicht nur einen Zeitvertreib darstellen.

Soll, wie im Praxisbeispiel (in Kapitel 5 dieser Arbeit) noch näher erläutert wird, die Übung und Festigung eines Unterrichtsthemas durch den Einsatz eines Lernspiels gestaltet werden, muss sich der Lehrer zunächst einmal darüber klar werden, welchen Lerninhalt er dafür als geeignet hält. Anschließend ist zu prüfen, ob ein geeignetes Spiel vorhanden ist oder selbst hergestellt werden kann, welches hilft, die angestrebten Ziele zu erreichen.

3.4 Formen mathematischer Lernspiele

Da eine zu große Anzahl von Formen mathematischer Lernspiele existiert, wird darauf hingewiesen, dass im Rahmen dieses Abschnitts nur einige von ihnen aufgezählt werden. Es handelt sich um die wichtigsten Klassifikationsmerkmale von Lernspielen im Allgemeinen, die gleichzeitig

---

[96] vgl. ebd.

auf die vielfältigen Einsatzmöglichkeiten hinweisen[97]. Im Anschluss werden die Formen genannt, die für diese Arbeit relevant sind.

a) materialungebunden:

Es handelt sich dabei um Spiele, bei denen kein Material benötigt wird, wie z. B. Kopfrechenspiele.

b) materialgebunden:

Dies sind Spiele, zu denen Spielpläne, Figuren oder Formenmaterialien notwendig sind, z. B. Würfel-, Lotto-, Domino-, oder Regelspiele.

c) Spiel für eine oder mehrere Personen:

Bei den Spielen mit Wettbewerbscharakter treten die Spielenden, meist Gruppen, in Konkurrenz zueinander an. Dazu zählen z. B. geometrische Legespiele, Partner- und Gruppenspiele.

d) mit und ohne Wettbewerbscharakter:

Bei vielen Spielen mit Wettbewerbscharakter wird die Leistung am Rechentempo gemessen. Der Wettbewerb kann bei Schülern positive Motivationsanreize oder einen subjektiv als negativ empfundenen Leistungsdruck aufbauen, der sich wiederum auf die Spiel- und Lernbereitschaft auswirkt (z. B. Denkblockade, Entwicklung einer negativen Spielhaltung).

e) Strategiespiele/ Denkspiele:

Um Spielfreude zu empfinden, muss der Spielende einzeln oder in Gruppen eine Taktik bzw. Strategie entwickeln. Dazu benötigt er sowohl vorausschauendes bzw. hypothetisch-deduktives Denkvermögen, als auch die Fähigkeit einfache und logische Operationen wie Identifizieren, Zuordnen und Klassifizieren (z. B. Lotto- oder Dominospiele, Rechenrätsel) durchführen zu können.

---

[97] vgl. Lauter: „Methodik in der Grundschulmathematik", 1989, S. 190 ff.

f) Zufallsspiele

Hierbei entscheidet ausschließlich der Zufall über den Spielverlauf (z. B. Würfelspiele, Kartenspiele). Die Gefahr dieser Spiele liegt im schnellen Verlust der Spielfreude und Spielbereitschaft. Es muss besonders kritisch geprüft werden, welches Lernziel mit dieser Art von Lernspiel intendiert wird.

g) Regelspiele

Sie ähneln in der äußeren Form den Gesellschaftsspielen und sind meistens materialgebunden (Spielplan, Würfel, Figuren) und werden von mehreren Schülern gespielt. Das Spiel wird nach vorgegebenen Spielregeln gespielt und setzt neben z. B. mathematischen Fähigkeiten auch bestimmte kognitive und soziale Fähigkeiten der Spielenden voraus: Erfassung der Spielregeln (Sprachkompetenz), Transfer und Anpassung an die jeweilige Spielsituation, Kooperation und Verständigung mit den Mitspielern.

Die große Vielfalt an vorhandenen Lernspielen wird hier deutlich. Vorteilhaft für die Schüler kann eine Kombination aus mehreren dieser Formen von mathematischen Lernspielen sein. So ist die Abwechslung im Unterricht vorhanden und es kann individuell auf den Leistungsstand der Klasse eingegangen werden. Für die Durchführung der Lernspiele in dieser Arbeit (siehe Kapitel 5) sind materialgebundene Regelspiele sowie darüber hinaus Strategiespiele für mehrere Personen, auch mit Wettbewerbscharakter, ausgewählt worden.

3.5 Fachdidaktische Legitimation für den Einsatz von Lernspielen im Mathematikunterricht durch den Rahmenlehrplan

Auch der Berliner Rahmenplan rechtfertigt den Einsatz von Lernspielen und sieht in ihm eine effektive Übungsform für den Mathematikunterricht:

Der Berliner Rahmenlehrplan der Grundschule für Mathematik erklärt gleich zu Beginn des Kapitels „Gestaltung von Unterricht – fachdidaktische Ansprüche"[98]: „Mathematik lernen ist ein aktiver und individueller Prozess. Das erfordert einen Unterricht, der möglichst optimale Bedin-

---

[98] Senatsverwaltung für Bildung, Jugend und Sport Berlin: „Rahmenlehrplan Grundschule Mathematik", 2004, S.23.

gungen für die aktive Auseinandersetzung mit mathematischen Inhalten und deren Anwendungen schafft."[99] Dazu sollen Schülern individuelle Zugänge auf unterschiedlichen Niveaus eröffnet werden, die so gewährleisten, dass

> Schüler Neues aktiv entdecken und gleichzeitig Bekanntes festigen [können]. [...] Anhand vielfältiger Übungsaufgaben konstruieren und mechanisieren sie Verfahren individuell, erkennen und realisieren Verflechtungen zwischen ihren Kenntnissen, wenden Strategien wiederholt an und werden in deren Handhabung sicherer.[100]

Der Einsatz von Lernspielen ist hierfür optimal geeignet. Denn durch das große Repertoire an verschiedenen Spielformen ist den individuellen Zugängen kaum eine Grenze gesetzt. Ferner ist hier der Wunsch nach Wiederholung eines Spiels von großem Nutzen. Während eine Übungsphase, die der Wiederholung dient, meist keinen besonderen Reiz für die Schüler darstellt, so ist die Lust an der Wiederholung eines Spiels unzweifelhaft häufig vorhanden. Diese Möglichkeit der Übungsphase aufzugreifen ist auch die Intention für den Praxisteil gewesen.

Weiterhin, fordert der Rahmenlehrplan, sollten Schüler auf eigenen Wegen und mit eigenem Tempo arbeiten können.[101] Auch dies können viele Lernspiele leisten. Hinzu kommt noch der Aspekt der Kommunikation:

> Die Lehrerinnen und Lehrer geben ausreichend Gelegenheit zur Kommunikation zwischen den Schülerinnen und Schülern und lassen es zu, dass diese sowohl in der Umgangssprache als auch in der Fachsprache in Wort- und Symbolsprache geführt wird. [...] Durch die Auseinandersetzung mit dem den Schülerinnen und Schülern die individuellen Vorstellungen von mathematischen Begriffen und Zusammenhängen sukzessive.[102]

Lernspiele erlauben schließlich „[das] Gestalten [von] Lernumgebungen, in denen sich das Lernen von Mathematik zugleich als individuelles, als gemeinschaftliches und als kulturelles Geschehen realisiert. Charakteristisch hierfür sind unterschiedliche Sozialformen."[103]

---

[99] ebd.
[100] Senatsverwaltung für Bildung, Jugend und Sport Berlin: „Rahmenlehrplan Grundschule Mathematik", S.23.
[101] vgl. ebd.
[102] ebd.
[103] ebd.

Wichtig für ein zu erstellendes oder auszuwählendes Lernspiel ist die Beachtung von wesentlichen didaktischen Gesichtspunkten, wie auch die Ausrichtung des Lernspiels auf die zu erreichenden Lernziele.

3.6 Möglichkeiten und Ziele von Lernspielen im Mathematikunterricht

Insbesondere für den Bereich der Mathematik im Anfangsunterricht ist es wichtig, dass nicht nur innerfachliche, sondern auch übergeordnete, außermathematische Lernziele einbezogen werden müssen. Im Folgenden sollen jene fachdidaktischen und außermathematischen Unterrichtsziele erörtert werden, die durch den Einsatz von Lernspielen unterstützt werden können. Sie ergänzen alle vorher genannten Faktoren und Möglichkeiten, die das Lernspiel bietet.

Ein wesentliches Ziel des Lernspiels ist das Erreichen von fachlichen Fähigkeiten und Fertigkeiten. Bereits Bekanntes wird wiederholt, Beziehungen zu vorhandenem Wissen werden hergestellt, Strategien zum schnelleren Erreichen des Spielziels werden entwickelt und Lerninhalte werden bis hin zur Automatisierung geübt.

Ferner findet eine Festigung des Gelernten durch Selbsttätigkeit, d. h. durch handelnden Umgang der Schüler mit Unterrichtsmaterial statt, welcher in der Grundschuldidaktik ein wichtiger Ausgangspunkt für erfolgreiches Lernen ist. Sehr motivierend wirkt sich auch der abwechslungsreiche Umgang mit den verschiedenen Spielmaterialien aus, die den Schülern zur Verfügung gestellt werden. Ein grundlegender Aspekt für die Motivation zu spielen ist, dass der Lehrer die Unterrichtszeit so einteilt, dass die Schüler die Gelegenheit haben, ein Spiel auch zu Ende zu spielen. Ein Spielabbruch bedeutet auch gleichzeitig einen Abbau der Motivation beim nächsten Spieleinsatz.

Eine besondere Möglichkeit des Lernspiels liegt vor allem in der Binnendifferenzierung der unterschiedlichen Leistungsstärken. Das Spiel kann hier ausgleichend auf das unterschiedliche Lern- und Arbeitstempo wirken. Treten bei einigen Schülern noch Probleme mit dem Unterrichtsstoff auf, kann sich der Lehrer ihnen ganz speziell widmen und das nicht Verstandene wiederholen. Die anderen dürfen sich dann einem Lernspiel widmen, welches allerdings die Leistungsdifferenzierung der Schüler untereinander nicht vergrößern darf. Diese Art der Differenzierung sollte aber nicht zu häufig angewendet werden, um die Schüler, die Lernschwierigkeiten haben, nicht zusätzlich zu bestrafen. Auch sie sollten in ausreichendem Maße an Lernspielen beteiligt werden.

Durch Lernspiele werden auch allgemeine Lernziele des Mathematikunterrichts gefördert wie etwa kreativ zu sein und zu analogisieren. Beispiele hierfür sind das Bilden von Hypothesen, regelrechtes und vorausschauendes Denken. Die Freiheit von Leistungszwang und Benotung stellt eine wichtige Voraussetzung für kreatives Verhalten dar. Diese Ziele zu fördern ist von gleicher Bedeutung wie die Unterstützung spezieller Lerninhalte.[104]

Obwohl für Kinder das Spielen eine Grundveranlagung ist, scheint diese, insbesondere infolge der Veränderung der Unterhaltungsmedien, die oft passiv konsumiert werden, und der allgemein veränderten Kindheit, immer mehr in Vergessenheit zu geraten. Das Lernspiel, was die Schüler miteinander spielen, bewirkt hier eine allgemein erzieherische Aufgabe: das Spielen–Können als eine Grundvoraussetzung.[105] Überaus wichtig ist es, dass einige Schüler lernen, auch einmal verlieren zu können. Aus diesem Grund ist es ratsam, auch Spiele einzusetzen, bei denen nicht immer nur die guten Rechner gewinnen, sondern wo das Glück für den Ausgang des Spiels eine Rolle spielt. Somit haben auch schwächere Schüler eine Chance, Erfolge zu erzielen und sind nicht mehr so entmutigt, wenn sie an anderer Stelle wieder die Schwächeren sind.

Weiterhin wird durch das Lernspiel die Möglichkeit geboten, die Persönlichkeit des Schülers weiterzuentwickeln. Während einer Spielhandlung werden bestimmte Aktivitäten vollzogen, die sonst im Mathematikunterricht gar nicht oder nur selten vorkommen, wie z. B.: aktives und selbstbestimmtes Handeln, Förderung der Risikobereitschaft, Kritikfähigkeit dem eigenen Arbeitsergebnis gegenüber, Frustrationstoleranz und Arbeiten mit hoher Konzentration über einen längeren Zeitraum.[106]

---

[104] vgl. Krampe/Mittelmann: „Spielen und Üben im Mathematikunterricht", S. 15.
[105] vgl. ebd. , S. 16.
[106] vgl. Krampe/Mittelmann: „Spielen und Üben im Mathematikunterricht", S. 16.

Ein Lernspiel ist auch ein guter Kommunikationsanlass für die Schüler untereinander (siehe hierzu auch die Ausführungen über das soziale Lernen in Abschnitt 2.5). Da es die oft übliche Form des Frontalunterrichts auflöst und der Lehrer zugunsten der gemeinschaftlichen Schüleraktion zurücktritt (siehe Abschnitt 3.3 über die veränderte Lehrerrolle), werden auch Schüler aktiv, die sich sonst aus Angst oder Gehemmtheit, kaum verbal am Unterricht beteiligen.

Zur Förderung des sozialen Lernens ist von großer Bedeutung, dass der Konkurrenzkampf beim Lernspiel eine möglichst geringe Bedeutung hat. Pädagogisch bedenklich sind daher Spiele, in denen dem schwachen Schüler wiederum durch Wettkampfcharakter und Leistungsprinzip sein Versagen verdeutlicht wird. Er resigniert und wird sich nun auch an dieser Handlung (Spiel), die ihm eigentlich Freude bereiten soll, nicht mehr beteiligen wollen. Die Regeln des Spiels sollten demnach so konzipiert sein, dass auch ein untereinander spielen möglich ist. Sollten die Spielregeln nicht so angelegt werden können, so ist zumindest darauf zu achten, dass ein „konkurrenzarmes" Nebeneinander ermöglicht wird.

Die Schüler begegnen einem Lernspiel gelöster, da sie die Richtigkeit ihrer Rechnungen in der Regel durch Selbstkontrolle feststellen und nicht „öffentlich" auf Fehler kontrolliert werden.

Begegnet der Lehrer den Schülern mit den Worten: „Wir wollen heute spielen …", so löst er damit bei ihnen von vorneherein eine größere Begeisterung und Motivation aus. Natürlich ist den Schülern bewusst, dass das zu erwartende Spiel im direkten Zusammenhang mit dem behandelten Unterrichtsstoff steht, jedoch haben sie wesentlich mehr Freude an einer ihrem Alter entsprechenden spielerischen Auseinandersetzung mit Unterrichtsinhalten. Eine größere Aktionsbereitschaft und Konzentration sind die Folge. „Über die Einzelsituation hinaus wird der Schüler bei wiederholter Bearbeitung von Lernspielen eine positivere Grundhaltung zum Mathematikunterricht ganz allgemein bekommen."[107]

Die Durchführung von Lernspielen fördert auch die lernorganisatorischen Fertigkeiten der Schüler, wie das Ordnen und Aufbewahren von Spiel-

---

[107] Krampe/Mittelmann: „Spielen und Üben im Mathematikunterricht", S. 15.

material. Das kann auch in anderen Bereichen des Lernens und Arbeitens positive Auswirkungen haben.

4. Das Lernspiel im mathematischen Anfangsunterricht

Dieses Kapitel zeigt die Bedeutung des Lernspiels im mathematischen Anfangsunterricht auf und versucht zu klären, was mathematische Lernprozesse sind. Außerdem stellt es die verschiedenen Anwendungsmöglichkeiten und -zeitpunkte von Lernspielen im Mathematikunterricht dar.

4.1 Bedeutung des Einsatzes mathematischer Lernspiele im Anfangsunterricht

Der Einsatz von Lernspielen im Anfangsunterricht[108] lässt sich zum einen mit der Eröffnung neuer Lernchancen, wie dem entdeckenden Lernen[109] und zum anderen mit den durch das Spiel berücksichtigten entwicklungspsychologischen Grundlagen begründen. Ausgehend von der Annahme, dass Schüler Erfahrungen in der Auseinandersetzung mit ihrer Umwelt machen, damit logische Strukturen entwickelt werden können, muss dieser interaktionistische Ansatz auch in der Didaktik Berücksichtigung finden. Daraus resultiert ein Unterricht, der die Aktivität der Schüler in den Vordergrund stellt und anstelle von rezeptivem ein selbstentdeckendes Lernen ermöglicht. Es ist Aufgabe des Lehrers

> [...] Anstoß und Anregung zu geben, d. h. zunächst Situationen herbeizuführen und die Grundvoraussetzungen zu schaffen, die das Kind vor nützliche Probleme stellen, um es anschließend durch geeignete Gegenbeispiele zum Nachdenken und damit zur Überprüfung vorschneller Lösungen zu nötigen.[110]

Der Lernerfolg hängt aber nicht allein von der Schaffung der Problemsituationen durch den Lehrer ab, sondern die Schüler müssen eigene Lernwege (z. B. Strategien) und Lernziele für ihr Handeln entwickeln. Das Lernspiel scheint ein optimales didaktisches Mittel zu sein, um ein selbsttätiges und entdeckendes Lernen zu fördern.

---

[108] Der Anfangsunterricht umfasst bundesweit den Unterricht der ersten beiden Schuljahre.

[109] Das „entdeckende Lernen" ist eine methodisch- didaktische Grundhaltung und umfasst als Prinzip eine Vielfalt von Verfahren, die den Schülern ein eigenverantwortliches und selbsttätiges Lernen ermöglichen. Winter (in: Heinrich Winter: „Mathematik entdecken", 1987, S. 14) spricht vom entdeckenden Lernen als Leitprinzip des Mathematikunterrichts, das einen Beitrag zur „allgemeinen Denkerziehung" leistet.

[110] Piaget: „Entwicklung des räumlichen Denkens beim Kinde", 1971; zitiert nach Kesselring: „Jean Piaget" 2. überarbeitete Auflage,1999, S. 78.

„Gerade in den ersten beiden Schuljahren, in denen der Anfangsunterricht eine wichtige und dominante Rolle einnimmt, können Spiele einen besonderen Beitrag zur mathematischen Grundlagenerziehung leisten."[111]

Ein zusätzlich wichtiger Aspekt für das Spielen im Anfangsunterricht ist die Anknüpfung an das kindliche Ur- bzw. Instinktverhalten, denn Spielen ist ein von Kind an gegebener Trieb.

4.2 Beschreibung mathematischer Lernprozesse

An dieser Stelle wird beschrieben, welche Prozesse sich abspielen, wenn ein Kind rechnen lernt. Anzumerken ist, dass diese Frage nicht leicht zu beantworten ist, weil sie viele unterschiedliche Aspekte anspricht. Es wird im Folgenden auf Aussagen von ausgesuchten Autoren Bezug genommen und eigene Überlegungen eingebracht.

Mathematische Lernprozesse haben, wie auch andere Lernprozesse, das Denken als Voraussetzung. Bestimmte Handlungen bewirken dann eine Änderung dieses Denkens. Ein Wissenszuwachs entsteht durch die Verknüpfung von neuem und altem Wissen. Ein mathematischer Lernprozess vollzieht sich immer kognitiv und basiert auf einer Verhaltensänderung durch Erfahrung. Diese kann sich z. B. auch durch eine Strategie darstellen, die entwickelt wird, um eine bestimmt Aufgabe zu lösen. Zu mathematischen Lernprozessen gehört es auch, Zahlvorstellungen aufzubauen und ein Verständnis für Zahlen und Rechenoperationen zu gewinnen. Zusammenfassend erläutert, vollzieht sich ein komplexer, konstruktiver und sukzessiver Prozess, während Einsicht, Verständnis und ein kognitives System aufgebaut werden.[112] Ein Lernprozess erstreckt sich immer über einen längeren Zeitraum. Hierbei werden neue Erkenntnisse gewonnen, die vom Schüler schließlich auch in der Anwendung genutzt werden. Dieser Zeitraum ist sehr individuell.

Es folgt die Beschreibung von Lerntypen und Lernphasen des Mathematiklernens.

---

[111] Schwander/Andersen: „Spiel in der Grundschule", S. 99.
[112] vgl. Floer: „Mathematik- Werkstatt", 1996, S. 25.

Folgende Lerntypen des Mathematiklernens wurden identifiziert:[113]

1. assoziatives Lernen:

    Hierunter versteht man den Aufbau kürzerer oder längerer Reiz-Reaktionsverbindungen (Automatismen) im kognitiven Bereich.

2. Diskriminationslernen:

    Der Lerner soll verschiedene Dinge, die auch ähnlich sein können, von Begriffen unterscheiden können.

3. Lernen mathematischer Begriffe:

    Verschiedene Arten von mathematischen Begriffen müssen unterschieden werden können, z. B. „Eigenschafts-" und „Relationsbegriffe".

4. Lernen mathematischer Regeln:

    Mathematische Sätze, Gesetze, Regeln und inhaltliche Verfahren werden rezeptiv gelernt.

5. Lernen heuristischer Regeln:

    Dieser Lerntyp beschreibt das Lernen inhaltlich orientierter und allgemeiner heuristischer Regeln, welche „Strategien" für inhaltlich mehr oder weniger abgegrenzte Teilgebiete der Mathematik darstellen.

6. Lösen mathematischer Probleme:

    Mathematische Zusammenhänge werden durch entdeckendes Lernen verstanden.

7. Beobachtungslernen:

    Lernen geschieht hier als Folge der Beobachtung eines anderen (Modellernen).

---

[113] vgl. Zech: „Grundkurs Mathematikdidaktik", 1996, S. 164 ff.

Lernen findet nicht durch bloße Konfrontation mit einem neuen Unterrichtsgegenstand statt, sondern geschieht in verschiedenen aufeinanderfolgenden Lernschritten[114] oder Lernphasen[115], die sich wie folgt aufgliedern in: Phase der Motivation, Phase der Schwierigkeiten, Phase der Überwindung der Schwierigkeiten (Lösungsphase), Phase der ersten Sicherung des Gelernten, Phase der Anwendung und Übung und schließlich der Phase des Transfers.

Die Lernphasen verdeutlichen, dass jeder Lernprozess zuerst einen Anstoß benötigt und Schwierigkeiten überwunden werden müssen. Um wirklich etwas zu lernen, muss dieses gefestigt, geübt und angewendet werden. So sollten die Phasen der Lernprozesse möglichst „vollständig" durchlaufen werden, um „effektiv" zu werden bzw. einen effektiven Unterricht zu erreichen.[116]

Das Lernspiel kann im Mathematikunterricht der jeweiligen Lernphase angepasst verwendet werden. Die drei ausgewählten und durchgeführten Lernspiele (siehe Kapitel 5) finden vor allem in der fünften Phase, die der Anwendung und Übung, ihren Platz. Sie festigen und üben bereits bekannte Unterrichtsinhalte durch erneute Anwendung.

4.3 Zum Einsatz von Lernspielen im Mathematikunterricht

Lernspiele können im Mathematikunterricht praktisch zu jeder Zeit des Unterrichts verwendet werden, am Anfang der Stunde zur Einstimmung, am Ende als freudiger Ausklang oder als größerer Stundeninhalt (wie im Praxisteil dargestellt), z. B. zur Festigung und Übung des Stoffes. Sie können am Anfang einer Unterrichtseinheit (bzw. eines Lernprozesses) stehen oder zum Ende bzw. zur Wiederholung angewendet werden. Dies beschreiben auch die folgenden Ausführungen über den Einsatzzeitpunkt und Einsatzgrund von Lernspielen im Mathematikunterricht:

Mit mathematischen Lernspielen kann in neue Inhalte des Mathematikunterrichtes der Grundschule eingeführt werden.[117]

---

[114] vgl. Roth: „Pädagogische Psychologie des Lehrens und Lernens", 1965, S. 223ff.
[115] vgl. Zech: „Grundkurs Mathematikdidaktik", S. 184 ff.
[116] vgl. ebd. S. 181.
[117] vgl. Raddatz/Schipper: „Handbuch für den Mathematikunterricht an Grundschulen", S. 172.

Lernspiele können für die Schüler eine Motivation zum Erschließen der neuen Inhalte schaffen. Solche Spiele gewähren einen Raum für Handlungsgrundlagen, aus denen erste Vermutungen, Lösungsansätze und Strategien zur Bewältigung der neuen Fragestellung erwachsen.

Wie muss die Einführung in einen neuen Lerninhalt aussehen?

Die Einführung in einen neuen Lerninhalt hat als wichtigstes Ziel, die Neugierde und Phantasie der Schüler auf den zu erwartenden Unterrichtsstoff zu wecken bzw. anzuregen. Es kann z. B. eine Problematisierung erfolgen, der im Anschluss daran nachgegangen wird, oder es wird versucht, eine Schlüsselszene zu inszenieren (Rollenspiel zum Thema vorführen, Streitgespräch veranstalten etc.), an der die Schüler erproben, wie sie sich den neuen Lerninhalt aneignen können. Der Erkenntnisprozess wird angestoßen, ein Lernmotiv wird geweckt. Dies trifft auf die Einführung in eine Lehreinheit mit neuem Themenkomplex ebenso zu wie auf eine einzelne Unterrichtsstunde und den Einstieg in dieselbige.

Ausgehend von den unterschiedlichen Wissens- und Könnensständen der Schüler muss der Lehrer versuchen, eine möglichst für alle Schüler gleichermaßen geeignete Unterrichtsform zu finden. Dies ist aufgrund der bereits erwähnten unterschiedlichen Voraussetzungen und Lerntempi der Schüler nur mit einem möglichst stark differenzierten Unterricht zu erreichen, der unterschiedliche Lernwege ermöglicht und die verschiedenen Interessen, Neigungen und Lernbedürfnisse berücksichtigt.[118]

Wie bereits in früheren Teilen dieser Arbeit gezeigt, eignen sich hierfür u. a. Lernspiele sehr gut, denn sie folgen dem zu beachtenden Prinzip, wonach der Mathematikunterricht, unabhängig von der Unterrichtsphase (aber auch in einer Einführungs- bzw. Erarbeitungsphase), „abwechslungsreich, interessant und unter größtmöglicher Aktivierung der Kinder geschehen"[119] soll und - wo immer möglich - zum Denken anregen soll. Nur so ist die vielfach aufgestellte Forderung nach einem schülergerechten, kindorientierten Mathematikunterricht zu realisieren. Unterricht wird als Trainingsfeld für das Lernen verstanden, in dem „hochkommunikative Handlungen"[120] ablaufen. Die Kinder sollen möglichst selbstständig und selbsttätig unter der Leitung und eventuell mit der Unterstützung des

---
[118] vgl. Heckt/Sandfuchs: „Grundschule von A – Z", S. 267.
[119] Krampe/Mittelmann: „Spielen und Üben im Mathematikunterricht", S.25.
[120] ebd.

Lehrers die Problematik des gegebenen Sachverhaltes erkennen. Der inhaltliche Kern, der dem Unterrichtsziel zugrunde liegt, ist zunächst hinter konkreten Fragestellungen bzw. bei Lernspielen hinter den Spielregeln verborgen. Die in der Praxis häufigere, traditionelle, weil frontale Herangehensweise von Lehrern entspricht diesen eben genannten Punkten nicht. Durch den Lehrervortrag wird einerseits zwar eine für den Lernzuwachs positive, ruhige Lernatmosphäre geschaffen, auch zeitraubende Abwege im Lernprozess werden vermieden, doch werden andererseits die meisten Schüler zur passiven Rezeption des Lernstoffes gezwungen.[121] Die Motivation, sich am Unterrichtsgespräch zu beteiligen, leidet besonders bei den lernschwächeren Schülern.

Mit mathematischen Lernspielen können erste Einsichten zu einem Geflecht von Beziehungen und Kenntnissen ausgebaut werden.[122]
Zur Bearbeitung arithmetischer Sachverhalte eignen sich besonders operative Übungsspiele. Beim operativen Üben sind die Reversibilität, Kompositionsfähigkeit und Assoziativität zentrale Begriffe. Die Vertiefung von Einsicht und Sinnzusammenhängen soll und muss gefordert werden. Es geht hauptsächlich darum, durch die Art der Aufgabenstellung Überlegungen in Gang zu setzen, die tiefer in den Kern der Materie eindringen und Kenntnisse vertiefen. Operative Übungsbeispiele sind: Umzingeln, Zahlenscrabble und Zahlentorspiel. Außerdem Spiele mit wechselndem Platzhalter, Operatoren und einer Darstellungsweise in tabellarischer Sicht.

Aber auch in der Freiarbeit, in der Übungsstunde oder im Werkstattunterricht bzw. im Rahmen einer Stationsarbeit bietet sich der Einsatz von Lernspielen an, da durch die Arbeit mit ihnen das eigene, individuelle Arbeitstempo berücksichtigt wird und die Schüler so abwechslungsreich und selbstständig üben können. Von der organisatorischen Seite her betrachtet, können Lernspiele selbst von fachfremden Lehrkräften in einer Vertretungsstunde verwendet werden, wenn im Klassenraum dauerhaft und darüber hinaus genügend Lernspiele zur Verfügung stehen.[123]

---

[121] vgl. Heckt/Sandfuchs : „Grundschule von A – Z", S. 268.
[122] vgl. Raddatz/Schipper: „Handbuch für den Mathematikunterricht an Grundschulen", S. 169.
[123] vgl. Müller: „Lernspiele im Unterricht", Thema: „Beim Lernen helfen", in Pädagogik Heft 3, 3/2005.

Die aufgezählten Möglichkeiten des Einsatzes von Lernspielen im Mathematikunterricht zeigen die große Spannbreite und Auswahl auf, die durch sie geboten wird. Diese und alle vorigen Beschreibungen legen offen, wie sinnvoll und grundlegend die Benutzung von Lernspielen im Mathematikunterricht ist.

5. Praxisteil

5.1 Einleitung

Im Folgenden werden drei Lernspiele vorgestellt, die in Kooperation mit der Klassenlehrerin in einer zweiten Klasse in einer Zehlendorfer Grundschule durchgeführt worden sind. Da diese den Schwerpunkt des Übens und Festigens haben und hauptsächlich Multiplikationsaufgaben beinhalten, wird erst einmal auf die theoretischen Grundlagen des Übens, der übungsorientierten Lernspiele und die der Multiplikation eingegangen. Dann folgt die Beschreibung der ausgesuchten Lernspiele, der Durchführungsvorgang und schließlich eine Auswertung.

5.2 Übung im Mathematikunterricht

„Solange es Unterricht gibt, in dem irgendeine Fertigkeit oder Fähigkeit erworben werden soll, gilt es als selbstverständlich, daß geübt werden muß."[124]

Trotzdem wurde im Zuge der Reformpädagogik seit der vorletzten Jahrhundertwende das Üben als „Drill" bezeichnet und heftig kritisiert. Die Kritik entzündete sich jedoch nicht zuletzt an den wenig einfallsreichen Übungsformen und -methoden, wie z. B. das sture Päckchenrechnen, was als ein lästiger Bestandteil des Mathematikunterrichts angesehen wurde. In neuerer Zeit wird dem Üben wieder eine, ihm zustehende, größere Bedeutung beigemessen. „Üben ist ein wichtiger Teil des Lernprozesses. [...] Dies bedeutet, daß auch beim Üben der Lernprozeß weitergeführt wird: Einsichten werden weiterentwickelt, mit anderen in Verbindung gebracht, übertragen, differenziert."[125] Üben kann „problemorientiert" und „anwendungsorientiert" sein, verschiedene Übungsformen ermöglichen das Arbeiten auf unterschiedlichen Anspruchsniveaus.[126]

Der Lehrer wird bestärkt, der Festigung durch Üben einen ausreichenden Raum in seinem Unterrichtskonzept zu geben. Hier wird der verstärkte

---

[124] Winter: „Begriff und Bedeutung des Übens im Mathematikunterricht" in: Mathematik lehren. Heft 2, S. 4.
[125] Haarmann (Hrsg.)/Floer: „Übungsformen" in: „Grundschule, Ein Handbuch", S. 223.
[126] vgl. ebd.

Einsatz von abwechslungsreichen und spielerischen Übungsformen in wohldosierten Intervallen für ein erfolgreiches Üben vorausgesetzt.

5.2.1 Gesetze der Übung im Rahmen von Lernspielen

Üben bedeutet, dass bereits erworbene Kenntnisse durch ständige Wiederholung, bis hin zur Automatisierung, gefestigt werden. Hierbei müssen bestimmte Übungsgesetze, die Übungsbereitschaft, die kindgemäße Übung, der sinnvolle Zusammenhang und die Sofortkorrektur beachtet werden. Diese Gesetze gelten auch für die Erstellung und den Einsatz von Lernspielen als Übungsform im Unterricht:

a) Das Gesetz der Übungsbereitschaft:[127]
Dieses Gesetz besagt, dass ohne eine gewisse Bereitschaft zur Übung kein Übungserfolg eintreten kann. Das bedeutet für den Einsatz von Lernspielen für die Übung, dass es schon durch seine äußere Form und Gestaltung sowie durch das Material eine Motivation beim Schüler hervorrufen sollte.

Wichtig für das Entstehen neuer Übungsbereitschaft sind auch Erfolgserlebnisse[128], weshalb die in einem Übungsspiel enthaltenen Aufgaben von jedem Schüler lösbar sein sollten.

b) Übungen müssen kindgemäß sein, d. h. sie müssen „die Gelegenheiten eines natürlichen kindlichen Lernens und Übens, wie es auch außerhalb der Schule zu beobachten ist, einzufangen und zu nutzen versuchen."[129]

Für das Lernspiel bedeutet es, dass es den Schülern bekannte Spielstrukturen und -regeln, die sie aus Gesellschaftsspielen kennen, beinhalten muss, um eine gelöste Spielatmosphäre zu schaffen. Die Bedeutung des Kennens ist die Anknüpfung an Vorhandenes, nämlich der positiven Erfahrung des Schülers mit Spielen.

---

[127] vgl. Odenbach: „Die Übung im Unterricht", 1981, S. 198.
[128] ebd., S. 198.
[129] Odenbach: „Die Übung im Unterricht", S. 25.

c) Ein weiteres Gesetz ist das Üben in sinnvollen Zusammenhängen, welches besagt, dass die übungsgerechte Struktur des Unterrichtsstoffes für den Schüler übersichtlich sein muss.[130]

Das jeweils eingesetzte Lernspiel muss also in einem direkten Sinnzusammenhang zum übrigen Stundeninhalt stehen, um den Schülern die Einsicht für den Grund der Übung zu vermitteln.

d) Das Gesetz der Sofortkorrektur

„Schleichen sich mit der Übung Fehler ein, so sind sie sofort zu korrigieren. Andernfalls werden die Fehler im Verlauf des weiteren Übens bestärkt und beeinträchtigen den Lernerfolg oder heben ihn auf."[131]

Dieses Gesetz sollten die meisten Übungsspiele von sich aus erfüllen, indem sie, durch eine Selbstkontrollmöglichkeit der Schüler, Fehler sofort erkennbar machen, z. B. ein Lösungssatz verliert seinen Sinn, Puzzleteile passen nicht aneinander, u.v.a.m. Hier muss allerdings hinzugefügt werden, dass es für Kinder auch wichtig ist, Fehler zu machen und dies darf keine negativen Folgen für sie haben.[132] Fehler sind als integraler Bestandteil eines konstruktiven Lernprozesses zu verstehen und sollten nicht als Makel angesehen werden.[133] Doch sollten diese, wie beschrieben, erkannt werden.

Zwei weitere wichtige Übungsgesetze, das der Sicherung durch variierte Wiederholungen und das des Übens nach Neuerarbeitung, die auch beim Einsetzen von Lernspielen beachtet werden müssen, sollen an dieser Stelle der Vollständigkeit halber aufgeführt werden:

e) Sicherung des Gelernten durch variierte Wiederholungen

f) Nach Neuerarbeitung eines Themas sollte schnell mit der ersten Übung eingesetzt werden.

---

[130] ebd. S. 198.
[131] ebd., S. 199.
[132] vgl. Floer, J.: „Spielen und Lernen im Mathematikunterricht" in: Matheunterricht 31, Heft 3, S. 34.
[133] vgl. Selter/Spiegel: „Wie Kinder rechnen", S. 13.

5.2.2 Die Kategorie der drei durchgeführten Lernspiele: Übungsorientierte Spiele

Da das Lernspiel bestimmte Möglichkeiten eröffnet, mathematische Inhalte bzw. Ziele zu verfolgen und außerdem möglichst viele der subjektiven Kriterien bei möglichst vielen Kindern im Unterricht angesprochen werden sollen (siehe hierzu u. a. die Auflistung in Abschnitt 2.4.1.2 und 3.6), werden Lernspiele objektiv in den Kategorien der „Strategischen und Problemorientierten Spiele" und der „Übungsorientierten Spiele" unterschieden[134] (vgl. hierzu auch Abschnitt 3.4): Strategische und Problemorientierte Spiele sind (Denk-) Spiele, bei denen allgemeine mathematische Lernziele verfolgt werden und Übungsorientierte Spiele solche, die sich dadurch auszeichnen, dass sie bestimmte Lerninhalte weiter bzw. intensiver verfolgen.

Da die im Folgenden verwendeten Lernspiele übungsorientierte Lernspiele darstellen, sollen die nächsten Absätze den Sinn und die Notwendigkeit von Spielen dieser Art beschreiben.

Der wichtige Bestandteil des Übens im Mathematikunterricht gilt in der Grundschule vornehmlich für Lerninhalte arithmetischer Art und da wiederum besonders für das „1+1", das „1x1" und die zwei weiteren Verfahren der vier Grundrechenarten.[135] „Das dabei verlangte mechanisierende Üben hat zum Ziel, einen Grundbestand an ständig verfügbaren Kenntnissen und Fertigkeiten anzulegen, der im Gedächtnis abrufbar sein und bis zur Geläufigkeit beherrscht werden muss."[136] Da dieses Üben eine unentbehrliche, aber gleichzeitig wenig motivierende, langweilige Übungsform darstellt, sollen nun verschiedene Wege erörtert werden, diese Lernvorgänge angenehmer gestalten zu können. Ein Ausweg zeigt sich im außerschulischen Lernverhalten der Kinder selbst[137]: Lernwiderstände, die das Kind nur durch intensives mechanisches Üben bewältigen kann, z. B. das Üben bestimmter Koordinationsabläufe, wie einen Ball immer wieder gegen eine Mauer werfen und auffangen (können). „Ein Handlungsgefüge entsteht, das wir üblicherweise Spiel nennen.

---

[134] vgl. Krampe/Mittelmann: „Spielen und Üben im Mathematikunterricht", S. 17.
[135] vgl. Krampe/Mittelmann: „Spielen und Üben im Mathematikunterricht", S. 17.
[136] ebd.
[137] vgl. ebd., S. 17f.

Auf diese wahrscheinlich durch Instinktverhalten ausgelöste hilfreiche Möglichkeit des Kindes, sich durch das Spiel das Lernen zu erleichtern, hat schon Odenbach hingewiesen."[138] So ist der Einsatz von Lernspielen im Mathematikunterricht und auch allgemein letztlich durch das natürliche Lernverhalten des Kindes bzw. des Menschen legitimiert. Das Lernen wird vom Kinde aus gesehen und greift ein Instinktverhalten auf, was nur förderlich für den Lernerfolg sein kann. So können auch monotone, langweilige Übungssequenzen im Mathematikunterricht interessanter und durch ein anderes „Sichtfeld" vermittelt werden.

Eine Verbindung besteht hier auch in lernpsychologischer Blickrichtung, denn das übungsorientierte Lernspiel fördert bei entsprechend gut strukturiertem Material den Übungserfolg deutlich.[139] Übungsorientierte Lernspiele sind sehr erfolgsversprechend, weil sie sich konkret und begrenzt auf die verfolgten Lernziele ausrichten und sich zielgerichtet auf bestimmte didaktische Intentionen zuschneiden lassen. Nach empirischen Untersuchungen von Raddatz/Schipper wird der Unterrichtserfolg der Lernspiele gegenüber dem herkömmlichem Unterricht durch das Zutreffen dieser beiden Faktoren um so größer.[140]

Zusammenfassend sprechen sehr viele Punkte für den Gebrauch von übungsorientierten Lernspielen, wie die leichte Verknüpfbarkeit mit fast allen mathematischen Lerninhalten zum Training von Rechenfertigkeiten, gegebenenfalls auch bis zur automatisierten Geläufigkeit, außerdem das gezielte Nachlernenkönnen bei aufgetretenen Schwächen und die Anbahnung von Einsicht in (arithmetische) Zusammenhänge.[141]

5.3 Theorie der Multiplikation

Da sich der praktische Teil dieser Arbeit mit Lernspielen zum Thema Multiplikation in der zweiten Klasse beschäftigt, wird der Begriff „Einmaleins" beziehungsweise „Kleines Einmaleins" verwendet. Dieser wird in Anführungszeichen gesetzt, da er nicht als ein fachlich exakter mathematischer

---

[138] Krampe/Mittelmann: „Spielen und Üben im Mathematikunterricht", S. 18 und vgl. Odenbach 1969, S. 39 und 161.
[139] vgl. Krampe/Mittelmann: „Spielen und Üben im Mathematikunterricht", S. 18 und die Übungsgesetze von Odenbach im Abschnitt 5.2.1 dieser Arbeit.
[140] vgl. Raddatz/Schipper: „Handbuch für den Mathematikunterricht an Grundschulen", S. 166.
[141] vgl. Krampe/Mittelmann: „Spielen und Üben im Mathematikunterricht", S. 19.

Ausdruck zu betrachten ist. Bei dem „Kleinen Einmaleins" handelt es sich nicht um einen in sich abgeschlossenen Komplex der Mathematik, sondern um Vielfachreihen, die bis in das Unendliche fortgesetzt werden können. Das bedeutet, alle Vielfachen von a werden als Vielfachmenge bezeichnet, und die Vielfachmenge hat beliebig viele Elemente.

Das sogenannte „Kleine Einmaleins", welches in der zweiten Klasse erarbeitet wird und zum Ende der dritten Klasse beherrscht werden soll, umfasst die Vielfachreihen von 1 bis 10. Die Multiplikation ist eine Rechenoperation zweiter Stufe, die auf die Addition, als Operation erster Stufe, aufbaut.

Also handelt es sich bei der Multiplikation um eine Verkürzung der Addition gleicher Summanden wie zum Beispiel:

$7 + 7 + 7 = 3 \cdot 7$

$3 \cdot 7 = 21$

Die einzelnen Komponenten der Multiplikation werden folgendermaßen bezeichnet:

$a \cdot b = c$

(Multiplikator mal Multiplikand gleich Wert des Produkts)[142]

Wegen der Vertauschbarkeit von Multiplikand und Multiplikator werden beide auch gemeinsam als Faktor bezeichnet.[143]

Zur Behandlung der Multiplikation sind drei Rechengesetze entscheidend:

1. Das Kommutativgesetz
   Für alle natürlichen Zahlen a, b gilt: $a \cdot b = b \cdot a$

---
[142] Gellert: „Kleine Enzyklopädie", 1971, S.24.
[143] vgl. ebd.

2. Das Distributivgesetz
Für alle natürlichen Zahlen a, b, c gilt:
(1) $a \cdot (b+c) = a \cdot b + a \cdot c$
(2) $(a+b) \cdot c = a \cdot c + b \cdot c$

3. Das Assoziativgesetz
Für alle natürlichen Zahlen a, b, c gilt: $(a \cdot b) \cdot c = a \cdot (b \cdot c)$

Die Schüler der zweiten Klasse sollten das Kommutativgesetz kennen und beherrschen lernen.

Hierbei gilt:

3·5= 15 (5 + 5 +5 = 15)
5·3= 15 (3 + 3 + 3 + 3 + 3= 15)

Natürlich werden diese Rechengesetzte in der Grundschule nicht abstrakt verbalisiert. Vielmehr werden sie den Schülern als Rechenvorteile nahe gelegt, so lässt sich eine schwierige Aufgabe durch die Anwendung des Kommutativgesetzes oft mit Hilfe einer leichteren Aufgabe lösen (Beispiel: Statt 26·3 ist es leichter, die Aufgabe 3·26 zu lösen) und das Distributivgesetz ermöglicht den Schülern, eine schwierige Aufgabe auf zwei leichtere Teilaufgaben zurückzuführen (Beispiel: 7·94 kann auf die beiden Teilaufgaben 7·90 und 7·4 zurückgeführt werden). Aufgrund des Assoziativgesetzes kann die Multiplikation reiner Zehnerzahlen auf die Lösung zweier leichterer Aufgaben zurückgeführt werden (Beispiel: 7·90 = (7·9)·10). Auch die Berechnung einiger Multiplikationsaufgaben mit drei Faktoren kann um einiges vereinfacht werden (Beispiel: Statt 7· 8 ·25 in der Form (7 ·8)· 25 = 56 ·25 zu rechnen, ist es einfacher, die Aufgabe 7· (8 ·25) = 7 ·200 zu lösen).

Die Punkt-vor-Strich-Regel, Punktrechnung („ · " und „ : ") geht vor Strichrechnung (+ und -), wird in Verbindung mit dem Distributivgesetz als Vereinbarung bzw. Spielregel (zur Reduzierung von Klammern) angeführt.

5.4 Klassenbeschreibung und Voraussetzungen der Schüler für die durchgeführten Lernspiele

Zur Leistungsevaluierung hat ein vorbereitendes Gespräch über den Leistungsstand der Klasse mit der Klassenlehrerin stattgefunden.

Die zweite Klasse der Zehlendorfer Grundschule, in der die Lernspiele angewandt wurden, besteht aus 28 Schülern, davon sind 16 Mädchen und 12 Jungen. Sie befanden sich derzeit am Ende des zweiten Schuljahres. Bis auf zwei Schüler sind alle deutscher Herkunft und diese beiden haben keine sprachlichen Probleme. Es handelt sich um eine leistungsstarke Klasse, die zum größten Teil gern am Mathematikunterricht teilnimmt. Das Lern- und Arbeitstempo der Schüler ist sehr unterschiedlich. Alle Schüler haben bereits sowohl außerschulische als auch schulische Spielerfahrungen gesammelt.

Zur Feststellung der fachlichen Voraussetzungen der Schüler werden im Folgenden die Unterrichtsinhalte genannt, die der Durchführung der Lernspiele vorangegangen sind:

Die Erarbeitung und erste Übung der Vielfachreihen von 1-11, die Ausnutzung von Rechenvorteilen beim „Kleinen Einmaleins", die Addition (Kopfrechnen) von Zahlen bis 100, z.B. 56 + 35 und Verbindungsaufgaben der Multiplikation mit der Addition bzw. Subtraktion unter Beachtung der Bindungsregeln für die Reihenfolge von Punkt- und Strichrechnung.

Das „Kleine Einmaleins" wurde ebenfalls in diesem Schuljahr erarbeitet und soll nun gefestigt und geübt werden.

5.5 Vorüberlegungen zur Auswahl der gewählten Lernspiele

Eine Grundlage für die Auswahl der Lernspiele bilden die in den Abschnitten 5.2 und 5.2.1 dargestellten Übungsgrundsätze, wie auch die in den Abschnitten 3.1 und 3.6 aufgeführten Definitionen sowie Möglichkeiten und Ziele von Lernspielen im Mathematikunterricht. Die benutzen Lernspiele wurden gemeinsam mit der anleitenden Lehrerin ausgesucht, weil sie den Leistungsstand der Klasse kennt und auch schon Lernspiele in ihrem Unterricht benutzt hat. Außerdem waren diese in ausreichender Anzahl für die Klasse vorhanden. Es handelt sich um käufliche, kommerzielle Lernspiele.

Da nicht jedes Spiel viele Bereiche abdecken kann und eine Auswahl aus den vielen angebotenen käuflichen Lernspielen zu treffen ist, muss ein inhaltlicher Schwerpunkt gebildet werden, der hier auf der Multiplikation liegt. Zudem sollten bestimmte Lernziele vorliegen, die bei den jeweiligen Spielen nachzulesen sind. Zwei der Lernspiele beinhalten Aufgaben aus den Vielfachreihen der Zahlen 1-11. Das weitere verbindet Aufgaben der Grundrechenarten Multiplikation und Addition bzw. Multiplikation und Subtraktion miteinander, so dass Aufgabenkombinationen vorliegen.

Der Schwerpunkt des Unterrichtsstadiums, in dem sich die Klasse befindet, liegt auf einfachen Multiplikationsaufgaben, um die Schwierigkeiten bei ihrer Lösung zu überwinden. Da die Beherrschung des „Kleinen Einmaleins" Grundvoraussetzung für spätere Rechenverfahren wie z.B. die schriftliche Multiplikation und Division, die Teilbarkeit von Zahlen, das Bruchrechnen und die Auflösung von Thermen in der Algebra ist, wird in dieser Klasse generell versucht, dieses mit häufig wechselnden Spielformen zu erreichen.

Spielformen, die von dem herkömmlichen Spiel auf das Lernspiel übertragen werden können, sind z.B. Wegespiele, Würfelspiele, Kartenspiele und Puzzles. Auch solche Formen werden bei den ausgewählten Spielen berücksichtigt. Bei den Spielen, die den Schülern bereits bekannt sind, kann auf eine ausführliche Vorstellung und Regelerarbeitung verzichtet werden. Die nicht bekannten können nach dem Prinzip des entdeckenden Lernens erarbeitet und geübt werden. Sind Spiele, die auch zur Auflockerung und Belohnung mit Übungseffekt für vorangegangenes Arbeiten einsetzbar sind, bereits bekannt, werden sie in dieser Klasse in einer Unterrichtsphase von nicht länger als 20 Minuten eingesetzt. Sonst besteht die Gefahr, dass sie zum alltäglichen und monotonen Unterrichtsmaterial gehören, und so den Reiz für die Schüler verlieren.

Um das Sozialverhalten in der Klasse zu fördern, werden vornehmlich Spiele in Gruppen- und Partnerarbeit angewendet. Außerdem sollen die Spiele nach Leistung differenzierbar sein, was auch dem Folgenden entnommen werden kann.

5.5 Durchführung und Auswertung der gewählten Lernspiele

5.5.1 Vorbemerkung

Da die Klasse nur für zwei Tage besucht wurde, in denen die Lernspiele durchgeführt wurden, ist es nicht möglich, einen Leistungsnachweis über diese Schüler zu geben. Auch können keine Aussagen über einen längeren Zeitraum der Anwendung von Lernspielen gemacht werden. Es werden Eindrücke und Beobachtungen der Schüler beschrieben, gerade über das Verhalten während des Spielens und über die emotionale Ebene. Die Klassenlehrerin unterstützte die Durchführung, gab zusätzliche Auskünfte, Beratung und beantwortete bestimmte Fragestellungen.

Die verwendeten Lernspiele werden nach Intention, Lernziel, Spielaufbau, Durchführung und Auswertung/Alternativen beschrieben.

5.5.2 Die 1 x 1-Pyramide

Intentionen:

Die Schüler

- können Aufgaben aus den Vielfachreihen des „Kleinen Einmaleins" im Kopf lösen.
- finden zu dem Wert eines Produkts das passende Produkt.
- fördern ihre Merkfähigkeit.
- können die einzelnen Spielkärtchen richtig anlegen und damit eine Pyramide bilden.
- lernen durch das Spielen in Zweiergruppen, kooperativ zu arbeiten.

Spielaufbau:

Die 1x1- Pyramide ist ein puzzleähnliches Spiel, welches aus 49 Elementen besteht, mit deren Hilfe einfache Multiplikationsaufgaben des „Kleinen Einmaleins" zu lösen sind. Hierbei handelt es sich um Kärtchen in Form von gleichseitigen Dreiecken. An den Seiten jedes Dreiecks steht entweder ein Produkt oder der Wert eines Produkts. Die Kärtchen sind nun so aneinander zu legen, dass jeweils ein Produkt auf den dazugehörigen Wert des Produkts trifft oder umgekehrt. Werden alle Dreiecke richtig aneinandergelegt, entsteht daraus ein großes Dreieck: die Pyramide.

Eine weitere Kontrollmöglichkeit ist die Überprüfung der an den Dreieckseiten befindlichen Farbstreifen in grün, rot und blau. Jede gerade Linie, die sich in der Pyramide ergibt, muss fortlaufend den gleichen Farbstreifen besitzen.

Jeweils zwei Schüler versuchen nun gemeinsam, die Pyramide möglichst schnell und richtig zu legen. Die beiden Partner, die es zuerst geschafft haben, sind die Gewinner.

Durchführung:

Die Spielregeln wurden zunächst anhand von vorbereiteten überdimensionalen, gleichseitigen Dreiecken, an der Tafel gemeinsam erarbeitet. Als stummer Impuls dienten den Schülern Dreiecke, die mit denen des tatsächlichen Spieles nahezu identisch waren. Die Schüler erkannten recht schnell, nach welchen Prinzipien die Papierdreiecke an der Tafel aneinander zulegen waren. Das entdeckende Lernen war hier das Erarbeitungsprinzip.[144]

Nach dieser spieleinführenden Phase waren die Schüler alle sehr motiviert, dieses Legespiel selbst zu spielen. Die Einteilung der „Zweiergruppen" (Partnerarbeit) bereitete keine Umstände, da die Schüler ohnehin zu zweit an den Tischen saßen und folglich auch so zusammenarbeiten konnten. Auch von der Schülerzahl ging es auf. Vor dem eigentlichen Spielbeginn wurde noch bekannt gegeben, dass die ersten beiden Schüler, die ihre Pyramide richtig und fertig gelegt haben, das Spiel gewonnen haben. Auf eine weitere Festlegung der Rangfolge durch alle vierzehn Gruppen wurde verzichtet, um den Konkurrenzdruck möglichst niedrig zu halten. Somit wird das Augenmerk vor allem von den Schülern abgelenkt, die das Spiel als letzte beenden.

Die sogenannten Verteiler der Klasse legten nun auf jeden Tisch ein Spiel, und der Lehrer gab anschließend das Startzeichen zum gemeinsamen Beginnen. Die Schüler, die das Spiel erfolgreich beendet haben, wurden vom Lehrer aufgefordert, den anderen Schülern durch Hinweise, aber nicht durch Vorrechnen, helfend zur Seite zu stehen.

---

[144] Aufgrund der gegebenen Fragestellung kann an dieser Stelle nicht weiter auf das Prinzip des entdeckenden Lernens eingegangen werden, es wird aber in Kapitel 4.1 durch eine Fußnote charakterisiert.

Auswertung und Alternativen:

Alle Schüler der Klasse beteiligten sich mit großem Eifer an dem Lernspiel. Es war interessant zu beobachten, wie unterschiedlich die einzelnen Kleingruppen versuchten, die Pyramide zu legen. Während einige versuchten, an ein wahllos herausgegriffenes Dreieck die übrigen anzulegen und damit auf erhebliche Schwierigkeiten stießen, begannen andere mit der besonders gekennzeichneten Spitze der Pyramide, um so die Aufgabe systematisch zu lösen. Eine Hilfe war ihnen hierbei die besondere „Randfarbstreifengebung", welche die zur Auswahl stehenden als nächstes anlegbaren Dreiecke auf eine geringere Zahl, und zwar auf jene, die eben diesen speziellen Farbstreifen besitzen, einschränkte.

Schüler, die weniger Werte oder Produkte im Kopf behalten konnten, mussten bei diesem Spiel wesentlich mehr rechnen als die anderen. Beim Suchen nach dem Kärtchen mit der passenden Lösungszahl vergaßen sie häufig, an welche Stelle das Dreieck anzulegen war. Somit mussten sie noch einmal das passende Produkt unter den bereits gelegten Dreiecken suchen, um die richtige Stelle zum Anlegen zu finden. Dies bedeutete für sie eine erhöhte Wiederholung und Übung.

Schüler, die mit Hilfe von selbst gefundenen Strategien das Spiel schneller beenden konnten, halfen dann ihren Klassenkameraden, indem sie ihnen die möglichen Strategien aufzeigten.

Bei diesem Partnerspiel besteht die Gefahr, dass der Leistungsstärkere, um möglichst schnell zu beenden, das Spiel nahezu allein bestreitet. Durch einen entsprechenden Hinweis des Lehrers konnte diese Reaktion allerdings unterbunden werden. Eine ausreichende Beteiligung und Einbindung der schwächeren Schüler war somit gewährleistet.

Alternative Einsetzungsmöglichkeiten dieses Lernspiels sind sehr begrenzt. Die Aufgabenform ist hierbei auf einfache Multiplikation beschränkt, was jedoch gewollt ist. Um andere Bereiche im Mathematikunterricht üben zu können, müssten weitere Lernpyramiden, die derselbe Lehrmittel-Verlag anbietet, angeschafft werden.

Abschließend ist anzumerken, dass die zuvor formulierten fachlichen Intentionen erreicht wurden. Zu den übergeordneten Intentionen, wie die Fähigkeit kooperativen Arbeitens und der Förderung der Merkfähigkeit, kann in einem so kurzen Anwendungszeitraum noch keine genaue Auskunft gegeben werden. Auch ein Test, um die verbesserte Merkfähigkeit feststellen zu können, kann nur über einen längeren Zeitraum gemacht werden. Beurteilt werden kann aber, dass die Schüler intensiv miteinander und sehr konzentriert gearbeitet haben, sowohl aufmerksam als auch begeistert waren. So ist es möglich, dass sie diesen Intentionen ein großes Stück näher kommen konnten.

Die Autoren Krampe/Mittelmann beurteilen die 1x1-Pyramide folgendermaßen: „Die Analyse des Aufgabenmaterials lässt eine überlegte Zusammenstellung deutlich werden, wie sie selbst für käufliche Spiele nicht immer selbstverständlich ist."[145] Die besondere Übungsqualität dieses Spiels zeigt sich an der hohen Aufgabendichte. Es ist ratsam, auch andere Übungsformen (Spiele) zum gleichen Thema einzusetzen, d. h. variabel vorzugehen. Zu Standardthemen des automatisierenden Übens gibt es eine sehr große Auswahl.[146]

5.5.3 Heinevetters 1 x 1- Trainer

Intentionen:

Die Schüler

- üben und festigen die Aufgaben der Vielfachreihen der Zahlen 1-10.
- können Aufgaben, in denen Multiplikation und Addition bzw. Multiplikation und Subtraktion miteinander verbunden sind, unter Beachtung der Regel der Punkt- vor Strichrechnung lösen.
- sollten zu zweit kooperativ mit einem Lernspiel umgehen können.

Spielaufbau:

Heinevetters 1 x 1- Trainer besteht aus verschiedenen Elementen:

- 1 Zapfentablett im Kastenboden
- 8 doppelseitige Einlegeblätter mit je 49 Aufgabenfeldern pro Seite

---

[145] Krampe/Mittelmann: „Spielen und Üben im Mathematikunterricht", S. 33.
[146] vgl. ebd., S. 33.

- 49 Einlegeplättchen
- Deckel mit Halterung für die Plättchen

Das Spiel beginnt damit, dass das ausgewählte Einlegeblatt in das leere Zapfentablett gelegt wird. Die Ergebnisplättchen sind nach Nummernfolge in die Klemmrippen des Kastendeckels vorsortiert. Der Schüler liest eine Aufgabe, die auf einem der Felder steht, nimmt das Plättchen mit dem richtigen Ergebnis aus dem Magazin und legt es zwischen zwei Zapfen, die es festhalten, auf das Feld. Mit allen weiteren Aufgabenfeldern verfährt er genauso. Durch die unterschiedliche Randformung der Plättchen ist eine automatische Richtigkeitskontrolle gegeben. Nur wenn richtig gerechnet wurde, passen die Einlegeplättchen aneinander. Hat der Schüler falsch gerechnet, stellt er dies sofort fest und muss noch einmal nachrechnen, um das passende Plättchen einlegen zu können. Die Verteilung der Ergebnisplättchen auf dem Tablett verändert sich von Einlegeblatt zu Einlegeblatt, sodass es zwecklos ist, sich die Lage der Plättchen einzuprägen. Nach Ablage der durchsichtigen Plättchen bleibt die Aufgabe mit dem Ergebnis zusammen als Gleichung für den Schüler sichtbar. Über alle 16 Seiten hinweg begleiten den Schüler bei der Aufgabenrechnung sieben geometrische Figuren: Halbkreis, Kreis, Dreieck, Quadrat, Rechteck, Fünfeck und Sechseck. Diese Formen erscheinen auf jedem Einlegeblatt verändert. Der Schüler muss die verschiedenen Abbildungen auf die geometrische Grundform, die auf den Plättchen gegeben wird, zurückführen. Die Darstellungen dienen der Auflockerung und Motivation, wie auch der Förderung des geometrischen Verständnisses.[147]

Durchführung:

Zu Beginn der Unterrichtsstunde stellt der Lehrer den Schülern Kopfrechenaufgaben zur Multiplikation und aus der Verbindung von Multiplikation und Addition bzw. Subtraktion. Als Beispiele hierfür können genannt werden:

6·7= __ , 6·7 + 15= __ oder 6·7 – 20= __ .

Diese Phase dient der Motivation und Konzentration und soll die Schüler auf das Stundenthema einstimmen. Der Schwierigkeitsgrad der Aufgaben wird schrittweise gesteigert und darauf geachtet, dass die Schüler in

---

[147] vgl. Anleitung zu Heinevetters 1 x 1- Trainer, Verlag Otto Heinevetter, Hamburg.

der Lage sind, sich die verwendeten Zahlen zu merken und die Aufgaben im Kopf lösen zu können.

Da das in dieser Stunde benutzte Lernspiel manchen Schülern noch unbekannt ist, wird ihnen in der Erarbeitungsphase zunächst eine OH-Folie mit der Spieldarstellung vom Lehrer gezeigt und erklärt. Die Schüler sollen hier erkennen, dass sie bestimmte Folienplättchen mit einer Lösungszahl auf das richtige, vorgezeichnete Feld, mit der dazu passenden Rechengeschichte legen müssen. Alle vorhandenen Plättchen werden dann von den Schülern auf das dazugehörige Feld gelegt.

In der Übungsphase, die den größten Teil der Stunde einnimmt (ca. 25 Minuten), verteilt der Lehrer zwei verschiedene Rechenspiele an Kleingruppen von jeweils zwei Schülern (Partnerarbeit) und diese beginnen mit ihrem Spiel. Die Schüler, die noch Schwierigkeiten mit dem Lösen von „einfachen Einmaleinsübungen" haben, sollen zuerst die 1x1- Pyramide legen (siehe vorige Spielform). Die anderen versuchen in Zweiergruppen die Aufgaben des 1x1-Trainers zu lösen und das Puzzle richtig zusammenzusetzen.

Da die Schüler die Möglichkeit der Selbstkontrolle haben, entfällt eine ausführliche Kontrollphase durch den Lehrer. Es ist Voraussetzung zur Fortsetzung des Spiels, das richtige Ergebnis herauszubekommen, eventuell durch nochmaliges Rechnen der Aufgabe. Am Ende der Stunde wird lediglich vom Lehrer erfragt, welche Gruppen die Pyramide richtig gelegt haben bzw. wer es geschafft hat, das Puzzle richtig zusammenzusetzen.

Auswertung und Alternativen:

Der Stundenverlauf entsprach der vorausgegangenen Planung. Die Erarbeitung des Spielverlaufs anhand der OH-Folie mit Overlay-Folienplättchen stellte sich als sehr motivierend und klar verständlich für alle Schüler heraus. Ein Beweis dafür war die problemlose Handhabung und Durchführung des Puzzlespiels durch die Schüler im darauffolgenden Übungsteil der Stunde.

Da den Schülern freigestellt war, mit welchen Plättchen sie das Spiel beginnen, konnten die unterschiedlichsten Strategien zur Durchführung des Spiels beobachtet werden. Einige Schüler begannen mit dem ersten Feld links oben und setzten das Spiel systematisch Reihe für Reihe, in dem sich die Partner dabei jeweils abwechselten, fort. Andere legten zunächst die

Plättchen mit den geometrischen Formen ein und setzten um sie herum das Spiel bis zum Ende fort. Wieder andere begannen je nach Sitzposition rechts und links des Spielplans, um sich in der Mitte zu treffen. Am schnellsten waren die Partner fertig, die unabhängig voneinander an ihrer Seite des Einlegebogens begannen. Sie waren stark auf ihren Teil konzentriert und ließen sich kaum von den Aktivitäten des Partners ablenken. Trotzdem entstand bei ihnen ein starkes Gefühl der Gemeinsamkeit, da sie durch ihre Strategie das Spiel am schnellsten beenden konnten. Als Belohnung durften sie, was auch ihrem deutlich geäußerten Wunsch entsprach, mit einem weiteren Einlegeblatt beginnen. Ihnen war bewusst, dass sie es bis zum Stundenende nicht mehr beenden konnten, was jedoch keinerlei Beeinträchtigung ihrer Motivation bedeutete.

In dieser Stunde wurde keine Rangfolge der fertiggewordenen Schülerpaare erstellt, um diese bei der ersten Begegnung mit dem Spiel nicht zu sehr unter Druck zu setzen. In einer späteren Übungsstunde, in der der 1x1-Trainer erneut eingesetzt wird, ist es jedoch durchaus möglich, diese Regelerweiterung und Verstärkung des Spielcharakters vorzunehmen.

Die gestellten Aufgaben auf dem gewählten Einlegeblatt entsprachen dem Leistungsvermögen der Schüler, welches die Klassenlehrerin richtig einschätzen konnte. Einige Aufgaben auf den anderen Einlegebögen sind zu leicht und daher zu diesem Zeitpunkt in der Klasse nicht mehr einsetzbar. Im Bereich der Multiplikation kann der 1x1-Trainer vom zweiten Halbjahr der zweiten Klassenstufe bis zum Ende der dritten Klassenstufe durch den steigenden Schwierigkeitsgrad der Einlegeböden eingesetzt werden.

Das Spiel fördert und stützt die Übung im Bereich der Multiplikation. Die Schüler, die sich wiederum der 1x1-Pyramide gewidmet hatten, fühlten sich in keiner Weise zurückgesetzt. Sie waren erneut motiviert, die nach ihrem Leistungsstand entsprechende Pyramide zu legen.

5.5.4 Memory

Intentionen:

Das Lernspiel Memory wurde unter folgender Zielsetzung angewendet:

Allgemein
- Festigung von Unterrichtsinhalten
- Üben und Wiederholen von Lernstoffen

Hier im Speziellen
- Übung der Sätze des „Kleinen Einmaleins"
- Üben des Zuordnens von Produktwerten zu Produkten
- Förderung von Konzentration und Merkfähigkeit
- Verbesserung des Sozialverhaltens

Spielaufbau:

Das Memory-Spiel, welches von 2 – 4 Spielern gespielt werden kann, besteht aus 10 bzw. 15 Aufgabenkarten und 10 bzw. 15 Ergebniskarten. Alle Karten werden verdeckt auf dem Tisch ausgelegt. Nach dem Uhrzeigersinn ist jeder Mitspieler nacheinander an der Reihe. Der erste Spieler deckt je eine Aufgaben- und Lösungskarte auf. Bilden sie ein Paar (Produkt und passender Wert des Produkts), so nimmt er dieses Paar an sich und darf weiterspielen. Stimmen Produkt und Produktwert nicht überein, so werden sie nach einer gewissen Zeitspanne, in der sich die anderen Spieler den Wert und die Lage der Karten einprägen können, wieder umgewendet. Dabei ist darauf zu achten, dass die Lage der Karten nicht verändert wird. Gewonnen hat, wer am Ende des Spiels, wenn alle Karten aufgenommen sind, die meisten Kartenpaare erhalten hat.

Durchführung:

Da die Spielregeln durch die direkte Anlehnung an das gleichnamige bekannte Gesellschaftsspiel nahezu allen Schülern vollständig bekannt waren, konnte auf eine ausführliche Regelerarbeitung verzichtet werden. Die Regeln wurden von den Schülern mündlich erläutert und anschließend von einem Schüler im Zusammenhang wiederholt. Die Klasse wurde nun in sieben Gruppen á vier Schüler eingeteilt. In vier Gruppen befanden sich die leistungsstärksten Schüler, die jeweils Spiele mit 15 Kartenpaaren bekamen. Die übrigen Gruppen mit den leistungsschwächeren Schülern erhielten zur Differenzierung Spiele mit je zehn Kartenpaaren.[148]

Schon bei Beginn des Spiels zeigte sich, wie unterschiedlich die einzelnen Gruppen die Karten auslegten. Zwei Spielgruppen legten die Karten unsortiert und richtungsmäßig ungeordnet auf den Tisch, wobei sie bald selbst feststellten, wie schwierig es ist, bereits aufgedeckte Karten wiederzufinden. So begannen sie nach einigen Spielzügen die Karten nachträglich zu ordnen. Eine Gruppe legte die Karten recht ordentlich in senkrechte und waagerechte Reihen, ohne jedoch die Karten nach Aufgaben- und Lösungskarten zu ordnen. Auch für sie war es oft nicht leicht, zuvor aufgedeckte und wieder umgewendete Karten erneut zu finden. Die übrigen vier Gruppen ordneten gleich die Karten in Aufgabenkarten auf der einen und Lösungskarten auf der anderen Seite. Dadurch erleichterten sie sich das Merken der Kartenlage erheblich. Alle Gruppen konnten in der vorgegebenen Spielzeit ihr Spiel beenden (15 Minuten).

Auswertung und Analyse:

Die Schüler konnten bei diesem Lernspiel sehr viel und intensiv üben, da sie durch häufiges Aufdecken der Karten gezwungen waren, ständig zu rechnen, bis endlich ein Kartenpaar und schließlich alle Kartenpaare gefunden waren.

Durch die große Motivation und den Spaßeffekt, den dieses Spiel bei den Schülern hervorrief, war während des gesamten Spielverlaufs kaum ein Abbau der Konzentration zu bemerken. Auch schwächere Schüler hatten ihre Chance, bei diesem Spiel gut abzuschneiden, da es nicht nur auf die Rechenfertigkeit, sondern auch auf ein gut geschultes Gedächtnis ankam.

Die in diesem Spiel vorgenommene Differenzierung hat sich insofern bewährt, dass alle Gruppen, ob sie zehn oder fünfzehn Kartenpaare zur Verfügung hatten, nahezu gleichzeitig fertig waren.

---

[148] Da mir die Kenntnisse über den Leistungsstand der Schüler dieser Klasse nicht wie der Klassenlehrerin vorlagen, wurde ich in diesen Fragen ebenfalls von ihr beraten und angeleitet.

Für das soziale Verhalten untereinander erweist sich dieses Spiel als besonders günstig. Jeder Schüler musste dem anderen beim Auswählen der Karten, die er aufdecken wollte, Zeit lassen, und gleichzeitig die eigene Spannung zügeln, wenn er meinte, ein richtiges Kartenpaar bereits erkannt zu haben.

Alternative Anwendungsmöglichkeiten lassen sich zu diesem Spiel beliebig finden. Einmal in der Verwendung anderer Aufgabentypen, wie z. B. 7.6-23 oder aber der Verwendung von Aufgaben aus anderen mathematischen Bereichen.

5.6 Vor- und Nachteile der kommerziellen Lernspiele

Da die oben eingesetzten Lernspiele von kommerzieller Art sind, das heißt, vorgefertigte Spiele, die von verschiedenen Lehrmittel- und Spieleherstellern angeboten werden, wird an dieser Stelle noch auf die möglichen Vor- und Nachteile dieser hingewiesen, bevor die Schlussbetrachtung folgt.

Vorteile der kommerziellen Lernspiele:

- Ein bedeutender Vorteil dieser Spiele ist, dass sie nach der Anschaffung leicht verfügbar sind. Das bedeutet, der Lehrer kann sie ohne lange Vorbereitungszeit einsetzen.

- Die Aufmachung dieser Lernspiele ist sehr professionell und aus haltbarem Material, sodass die Schüler sie für einen langen Zeitraum benutzen können.

- Für den mathematischen Bereich, in dem sie u. a. einsetzbar sind, wirken sie lernunterstützend und können eine gute Festigung des zu übenden Unterrichtsinhalts bewirken.

- Die Lernspiele ermöglichen ein gezieltes inhaltliches Üben.

- Zwei der eingesetzten kommerziellen Lernspiele verfügen über eine automatische Selbstkontrolle, sodass dem Lehrer die Möglichkeit gegeben wird, zugunsten der Schülerselbsttätigkeit in den Hintergrund zu treten.

- Eine Förderung der Konzentration ist bei allen eingesetzten Spielen zu verzeichnen.

- Bei entsprechender Anleitung durch den Lehrer kann mit der längeren Anwendung jeder dieser Spiele das Sozialverhalten der Schüler verbessert werden.

Nachteile der kommerziellen Lernspiele:

- Ein Nachteil dieser Spiele ist der oft hohe Anschaffungspreis, der es meist unmöglich macht, sie in ausreichender Stückzahl zur Verfügung zu stellen. Dies zwingt den Lehrer zur zusätzlichen parallelen Planung für die Schüler, die aus Mangel an diesem Spielmaterial anderweitig beschäftigt werden müssen. Um diese Schüler nicht zu benachteiligen, muss vom Lehrer ein weiteres mindestens ebenso übungsintensives Unterrichtsmaterial gefunden und bereitgestellt werden.
- Ein weiterer Mangel ist die begrenzte Einsetzbarkeit dieser Spiele. Oft sind sie nur zu einem bestimmten Bereich der Mathematik anwendbar, da keine Variation in der Aufgabenstellung möglich oder vorgesehen ist. Sollen andere mathematische Aufgabenformen spielerisch geübt werden, müssten weitere kommerzielle Lernspiele angeschafft werden, was aber aus finanziellen Gründen in der Regel nicht möglich ist. So könnte hier eine Kombination mit selbsthergestelltem Material Abhilfe schaffen.
- Nachteilig hat sich zum Teil auch der große Platzaufwand der Spiele ausgewirkt. Die Tische boten nicht genug Platz für zwei Spiele, so dass ein Durcheinander und Herunterfallen von Spielelementen nicht zu vermeiden gewesen wäre. Somit mussten sich mehrere Schüler an einem Spiel beteiligen.

6. Fazit

In einer abschließenden Betrachtung ist festzustellen, dass Lernspiele eine Grundlage für spielerisches Lernen schaffen können. Die Anwendung von ihnen zeigte bei den Schülern eine große Begeisterung und Freude, begleitet von Konzentration und Motivation. Das spielerische Arbeiten und Üben war geprägt von großem Interesse und gleichmäßiger Beteiligung. Die Schüler zeigten sich außerdem hilfsbereit, teamfähig und kooperativ im Umgang miteinander, eine Basis für das soziale Lernen. Sie zeigten Kreativität, um verschiedene Strategien zur Lösung der Aufgaben zu entwickeln, in diesem Zuge wurden mathematische Lernprozesse angeregt.

Lernspiele stellen eine Methode dar, die den Unterricht in seiner Vielfalt anreichern kann. Die Benutzung von ihnen rufen eine große, auch intrinsische, Motivation und Lernbereitschaft bei den Schülern hervor. Der Unterricht erreicht so eine handlungsorientierte Ausrichtung mit großer Abwechslung.

Die in dieser Arbeit dargestellten Lernspiele sind nur ein kleine Auswahl aus der Vielzahl vorhandener einsetzbarer Spiele. Die zum Wiederholen, Üben und Festigen nötige Lernbereitschaft wurde von jedem der Spiele bei den Schülern hervorgerufen. Der Spaß und die Freude am Spiel wurde dadurch unterstützt, dass der Lehrer hier nicht wie teilweise bei anderen Übungsformen üblich, als „Kontrollinstanz" auftritt. Die Schüler hatten immer die Möglichkeit, sich selbst zu korrigieren, sei es durch eine automatische Selbstkontrolle oder durch die Aufmerksamkeit ihrer Mitschüler. Besonders die schwächeren Schüler profitierten von den spielerischen Übungsformen. Die kleinen Erfolge, die sie in jedem Spiel erringen konnten, bewirkten besonders bei ihnen eine erfreuliche Steigerung der Motivation.

Dass der Einsatz der Lernspiele sich nicht nur motivationsfördernd, sondern auch leistungssteigernd auswirken kann, können nicht einzelne Unterrichtsstunden zeigen. Insofern ist es im Rahmen dieser Arbeit nicht möglich, Aussagen über einen Lernzuwachs zu machen, weil kein Test über einen längeren Zeitraum stattgefunden hat. Allerdings lässt die Form des intensiven und interessierten Arbeitens der Schüler schlussfolgern, dass bei wiederholter Anwendung und auch anderer Form der Vertiefung durch den Einsatz von Lernspielen ein Lernzuwachs stattfindet.

„Die Verwendung von mathematischen Spielen ist zu einem wichtigen Kennzeichen des Modernen Mathematikunterrichts geworden."[149]

Spielen und Lernen sind in allen Zusammenhängen des Grundschulunterrichts eng miteinander verbunden. Das Spiel kann den Unterricht zwar nicht ersetzen, „aber es kann eine seiner tragfähigsten Säulen sein. Deshalb sollte es entsprechend gepflegt und in der Grundschule angemessen berücksichtigt werden."[150]

Bei allem Erfolg muss aber vor einer Überbewertung der Lernspiele gewarnt werden. Sie sind nicht als ausschließliches Lernmittel zu betrachten, sondern als sinnvolle Ergänzung zu anderen herkömmlichen Übungsformen. Eine Übersättigung der Schüler mit Lernspielen würde einen Motivationsverlust und Langeweile nach sich ziehen und sich somit kontraproduktiv auswirken, das heißt, eine Einbuße der Effektivität bedeuten.

Werden Lernspiele bewusst und gezielt eingesetzt, wird dem gewünschten Lernerfolg ein großes Stück näher gekommen und alle positiven Seiten werden genutzt.

---

[149] Henning: „Mathematik lernen durch Handeln und Erfahrung", 1999, S. 25.
[150] Schwander/Andersen: „Spiel in der Grundschule", S. 164.

7. Literaturverzeichnis

Baer/Dietrich/Otto (Hrsg.) : Spielzeit. In: Friedrich Jahresheft 13, 1995.

Dobrowski, S. : Lernspiele im Mathematikunterricht. Berlin 1998.

Döring, S. : Lernen durch Spielen. Weinheim 1997.

Floer, J. : Im Einmaleinsland. In: Die Grundschulzeitschrift. H3/ 1992.

Floer, J. : Mathematik- Werkstatt: Lernmaterialien zum Rechnen und Entdecken. Weinheim – Basel 1996.

Floer, J. : Spielen und Lernen im Mathematikunterricht. In: Matheunterricht 31, H3/ 1985.

Gellert, W. : Kleine Enzyklopädie. Mathematik. Leipzig 1971.

Haarmann, D. (Hrsg.) : Grundschule, Ein Handbuch. Band 2, Weinheim und Basel 2000.

Heckhausen, H. : Motivation und Handeln. München 1989.

Heckt, D. / Sandfuchs, U. : Grundschule von A – Z. Braunschweig 1993.

Henning, H. : Mathematik lernen durch Handeln und Erfahrung. Oldenburg 1999.

Hielscher, H. : Üben und Spielen in der Schule. In: Die Grundschulzeitschrift, Seelze 3/1992.

Kesselring, T. : Jean Piaget. München 1999.

Krampe, J. / Mittelmann, R. : Spielen und Üben im Mathematikunterricht. Heinsberg 1999.

Kluge, H. : Das Unterrichtsspiel. List 1968.

Kube, K. : Spieldidaktik. Düsseldorf 1977.

Lauter, J. : Methodik in der Grundschulmathematik. Stuttgart 1989.

Lichtenberger, J. : : In: Spiele mathematisch. Düsseldorf 1986.

Meins, C. / Schiller, D. : Lern- und Arbeitsmittel. In: Handbuch für Lehrer. Hrsg. Horney, W., Merkel, P., Wolf, F. Gütersloh 1966.

Miller, P. : Theorien der Entwicklungspsychologie. Heidelberg – Berlin – Oxford 1993.

Müller, F. : Lernspiele im Unterricht. In: Pädagogik Heft 3, 03/2005.

Nuding, A. : Von der Hand in den Verstand. Handlungsorientiertes Lernen im Sachunterricht. Hohengehren 2000.

Odenbach, K. : Die Übung im Unterricht. Braunschweig 1969 und 1981.

Oerter, R. : Psychologie des Spiels: ein handlungstheoretischer Ansatz. München 1993.

Oerter, R. / Montada, L. : Entwicklungspsychologie. Ein Lehrbuch. München – Weinheim 1998.

Piaget, J. : Entwicklung des räumlichen Denkens beim Kinde. Stuttgart 1971.

Piaget, J. : Nachahmung, Spiel und Traum. Stuttgart 1969.

Raddatz, H. / Schipper, W. : Handbuch für den Mathematikunterricht an Grundschulen. Hannover 1983.

Regelein, S. : Lernspiele im Mathematikunterricht. München 1995.

Röhrs, H. : Spiel und Sportspiel- ein Wechselverhältnis. Hannover 1981.

Roth, H. : Pädagogische Psychologie des Lehrens und Lernens. Hannover 1965.

Scheuerl, H. : Das Spiel. Band 1,Weinheim und Basel 1990.

Schiffler, H. : Bedeutung und Form des Spiels in der Grundschule. In: Akzente für den Unterricht in der Primarstufe. Hrsg.: Renner, E., Heinsberg 1982.

Schorb, A. O. : 160 Stichworte zum Unterricht. 5. Auflage, Bochum o. J.

Schwander, M. /Andersen, K. : Spiel in der Grundschule. Bad Heilbrunn 2005.

Selter, C. / Spiegel, H. : Wie Kinder rechnen. Leipzig 1997.

Senatsverwaltung für Bildung, Jugend und Sport Berlin : Rahmenlehrplan Grundschule Mathematik. Berlin 2004.

Sinhart, D. : Spielen, Lernen und Entwickeln. Eine struktural- analytische Rekonstruktion. Köln 1982.

Tippelt, R. / Schmidt, B. : Was wissen wir über Lernen im Unterricht? In: Pädagogik 3/ 2005.

Vernay, R. : Spielen wir heute? – oder „ludendo discimus". In: Mathematik lehren. Sammelband Spiele. Seelze / Velber 2001.

Walter, G. : Spiel- und Spielpraxis in der Grundschule. Donauwörth 1993.

Winter, H. : Begriff und Bedeutung des Übens im Mathematikunterricht. In: Mathematik lehren. Heft 2, Velber 02/1984.

Winter, H. : Mathematik entdecken. Stuttgart 1987.

Zech, F. : Grundkurs Mathematikdidaktik. Theoretische und praktische Anleitungen für das Lehren und Lernen im Fach Mathematik. Weinheim und Basel 1977 und 1996.

Zimbardo, P. : Psychologie. Berlin - Heidelberg 1995.

1 x 1 Pyramide: Spectra Lehrmittel – Verlag, Dorsten.

Heinevetters 1 x 1- Trainer, Verlag Otto Heinevetter, Hamburg.

Ohne Autorennennung: Großes Lexikon A-Z. Schweiz 1997.